介護福祉士国試実技対策

わかる
たん吸引と経管栄養 DVD

吉田久美子
東京医科大学看護専門学校　専任教員

石塚睦子
前 東京医科大学看護専門学校　教務主任

編集
福祉教育カレッジ
発行
医学評論社

* 正誤情報，発行後の法令改正，最新統計，ガイドラインの関連情報につきましては，弊社ウェブサイト（http://www.igakuhyoronsha.co.jp/）にてお知らせいたします。
ご意見，ご質問につきましても上記にて受けつけております。

* 本書の内容の一部あるいは全部を，無断で（複写機などいかなる方法によっても）複写・複製・転載すると，著作権および出版権侵害となることがありますのでご注意ください。

　2012（平成 24）年 4 月から「社会福祉士及び介護福祉士法」が一部改正され，それまで「たんの吸引及び経管栄養は，医師・看護師等のみ実施可能な医行為に該当する（医師法等）」となっていましたが，「一定の研修を受けた介護職員等が，医療者と連携し安全確保が図られている等の条件の下で実施できる」ことになりました。

　また，2005（平成 17）年に原則として"医行為ではない行為"が具体的に提示されました。"たんの吸引""経管栄養"といった利用者の命に関わる医行為および"医行為ではない行為"を必要とする利用者は，年々増加しています。

　この本は，そのような時代背景を踏まえ，介護者の皆さんが"たんの吸引""経管栄養"を安全・安楽に実施できるための学習教材として作成しました。一般的な手順を写真を見ながら具体的に学べるように配慮し，手順の横には根拠や留意点についても書き添えましたので，確認いただきたいと思います。

　介護は人を相手とする職業であり，よりよいコミュニケーションは利用者の皆さんの生きる意欲にも影響するものと考え，必要最小限ではありますがことばがけの例も示してみましたので，参考になさってください。

　内容としては，介護を行ううえで利用者の方々の健康状態を判断する時の基本となる"バイタルサインの測定"や"医行為ではない行為"についてもわかりやすく書き加えてあります。

　日常の介護の実践に役立てていただければ幸いです。

　2014 年 4 月

著者ら

もくじ

第1章 たんの吸引

介護職員等による喀痰吸引等の実施のための制度について ……… 3
喀痰吸引等制度の全体像〔概要〕 ……… 4
たんの吸引に関わる解剖 ……… 5
たんとは ……… 5
たんの排出機構 ……… 5
吸引圧について ……… 6

1 たんの吸引時の必要物品 DVD ……… 7
1 吸引器 ……… 7
2 吸引用カテーテル ……… 8
3 アルコール綿またはウェットティッシュ，ティッシュ ……… 8
4 洗浄水と容器 ……… 8
5 カテーテル保存容器 ……… 9
6 鑷子と鑷子を入れる容器（必要時） ……… 9
7 手指消毒液と手袋 ……… 9
8 エプロン ……… 9

2 介護者の準備 ……… 10
1 手洗い ……… 10
2 エプロンの着用 ……… 10

3 たんの吸引の手順 DVD ……… 11
1 口腔内の吸引 ……… 12
2 鼻腔内の吸引 ……… 22
3 気管内の吸引 ……… 32
4 人工呼吸器をつけている人の気管切開部からのたんの吸引 ……… 44

第2章　経管栄養

- ① 経管栄養の基礎知識 …… 59
  - 1 食物の消化・吸収・排泄 …… 59
  - 2 嚥下のしくみ …… 61
- ② 経管栄養法 …… 63
  - 1 経鼻胃管栄養法 …… 63
  - 2 胃ろう栄養法 …… 64
  - 3 腸ろう栄養法 …… 67
  - 4 経管栄養法の栄養剤 …… 67
  - 5 経管栄養法の日常生活支援 …… 68
  - 6 経管栄養を受けている人の主な合併症とその対策 …… 68
  - 7 医療者との連携 …… 70
- ③ 経管栄養法の実際 DVD …… 71
  - 1 経管栄養実施時の必要物品 …… 71
- ④ 介護者の準備 DVD …… 75
  - 1 手洗い …… 75
  - 2 エプロンの着用 …… 75
- ⑤ 経管栄養法の手順 DVD …… 76
  - 1 経鼻経管栄養法 …… 76
  - 2 胃ろう・腸ろうからの経管栄養法 …… 83
  - 3 胃ろうからの半固形栄養剤注入法 …… 85

第3章　バイタルサインの測定

- ① バイタルサインとは …… 89
- ② 必要物品 …… 89
  - 1 体温測定 …… 89
  - 2 血圧測定 …… 89
  - 3 脈拍・呼吸測定 …… 90
  - 4 経皮的動脈血酸素飽和度（SpO_2）の測定（必要時） …… 90

■ バイタルサイン測定の準備（例） 91
　③ 体温測定 🄳 92
　　1　体温に関する基礎知識 92
　　2　体温測定の方法 93
　④ 血圧測定 🄳 98
　　1　血圧に関する基礎知識 98
　　2　血圧測定の方法 99
　⑤ 脈拍と呼吸の測定 🄳 103
　　■ 脈拍測定 103
　　1　脈拍に関する基礎知識 103
　　2　脈拍測定の方法 105
　　■ 呼吸測定 106
　　1　呼吸に関する基礎知識 106
　　2　呼吸測定の方法 107
　⑥ 経皮的動脈血酸素飽和度（SpO_2）の測定 🄳 108
　　1　経皮的動脈血酸素飽和度に関する基礎知識 108
　　2　経皮的動脈血酸素飽和度の測定方法 108
　⑦ 意識の観察 111
　　1　意識とは 111
　　2　意識の観察 111
　⑧ 心肺蘇生法 113
　　1　一次救命処置 113
　　2　気道の異物の除去 116

第4章　介護職に認められたケア

◎　介護職に認められた医行為（特定行為）である「たんの吸引」と
　　「経管栄養」 119
◎　医療・介護の連携 121
◎　原則として医行為ではない行為 121
◎　医薬品に関する介助6項目 122

- ◎ 医行為に該当しないもの ……………………………………………… 122
- ◎ 軽微な切り傷・擦り傷・やけどの処置 ……………………………… 124
- ◎ 皮膚への軟膏の塗布（褥瘡の処置を除く）………………………… 126
- ◎ 皮膚への湿布の貼付 …………………………………………………… 128
- ◎ 点眼薬の点眼 …………………………………………………………… 131
- ◎ 一包化された内服薬の内服介助 ……………………………………… 133
- ◎ 肛門からの坐薬挿入 …………………………………………………… 135
- ◎ 鼻腔粘膜への薬剤噴霧 ………………………………………………… 137
- ◎ 爪切り …………………………………………………………………… 139
- ◎ 口腔内の刷掃・清拭 …………………………………………………… 143
- ◎ 耳垢の除去 ……………………………………………………………… 146
- ◎ ストマ装具の交換・排泄物廃棄 ……………………………………… 148
- ◎ 自己導尿カテーテルの準備・体位保持 ……………………………… 151
- ◎ 市販のディスポーザブルグリセリン浣腸器を用いての浣腸 ……… 154

● 巻末資料
- ■ 厚生労働省通知 ………………………………………………………… 157
- ■ 指示書 …………………………………………………………………… 160
- ■ 引用・参考文献 ………………………………………………………… 166

● 索 引 ……………………………………………………………………… 168

わかるたん吸引と経管栄養DVD　付録DVDについて

　付録DVDは，介護福祉士と介護福祉士を目指される方を対象に制作しております。

　平成24年4月から「社会福祉士及び介護福祉士法」の一部が改正され，「たんの吸引及び経管栄養」は，「一定の研修を受けた介護職員等が，医療者と連携し安全確保が図られている等の条件の下で実施できる」ことになりました。また，平成28年1月以降の介護福祉士国家試験合格者については，その養成課程において「たん吸引等」の知識や技術を習得しており，「たん吸引等」の技術は介護福祉士として確実に習得すべきものとなりました。

　このDVDは，介護者の皆さんが「たんの吸引」「経管栄養」を安全・安楽に実施できる学習教材として作成いたしました。「バイタルサインの測定」も加えた内容となっています。本書の記載と合わせて，介護の手技の手順や注意点を学習しましょう。

　なお，一般の市販のDVDと同様に，DVDプレイヤーおよびDVD再生ソフトが入ったパソコンであれば，ご覧いただけます。

付録DVDのチャプター

◎たん吸引

◎経管栄養

◎バイタルサイン

付録DVDのスタッフ

撮影協力／東京医科大学看護専門学校

実　演／吉田久美子（東京医科大学看護専門学校　専任教員），田山友子（東京医科大学看護専門学校　専任教員），岡田友美子（東京医科大学看護専門学校　第48回生）

指　導／吉田久美子（東京医科大学看護専門学校　専任教員），石塚睦子（前東京医科大学看護専門学校　教務主任）

撮　影／プロデューサー：梶房和洋（株式会社コインシデンス），ディレクター：オオタタケシ（株式会社ガジェッティア）

使用上・保管上の注意

◎DVDの再生方法などの詳細については，ご使用中のDVDプレイヤーもしくはパソコンなどのDVD再生ソフトの説明書などをお読みください。

◎ご使用後は，付録DVDを必ずDVDプレイヤーもしくはDVDの再生にご使用したパソコンから取り出し，DVD専用ケースに収めてください。直射日光などの当たるところや，高温多湿の場所は避けて保管してください。

※このディスクを有償・無償にかかわらず，無断で複製，公衆送信，上映発表，翻訳，翻案して使用することは法律上禁止されています。

ページガイド

本書は，介護者の皆さんが「**たんの吸引**」「**経管栄養**」を安全・安楽に実施できる学習教材として作成いたしました。「**バイタルサインの測定**」も加えた内容となっています。**書籍**と**DVD**で技術習得にお役立てください。

本書では，「**たんの吸引**」「**経管栄養**」といった**医行為**と「**バイタルサインの測定**」をはじめとした，**介護職が行えるようになった医行為ではない行為**をわかりやすくイラストや写真を使って解説しています。

イラストと写真で理解を深めよう！

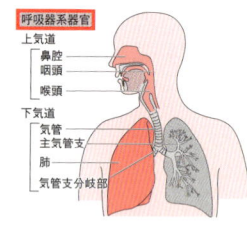

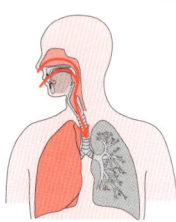

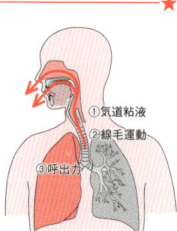

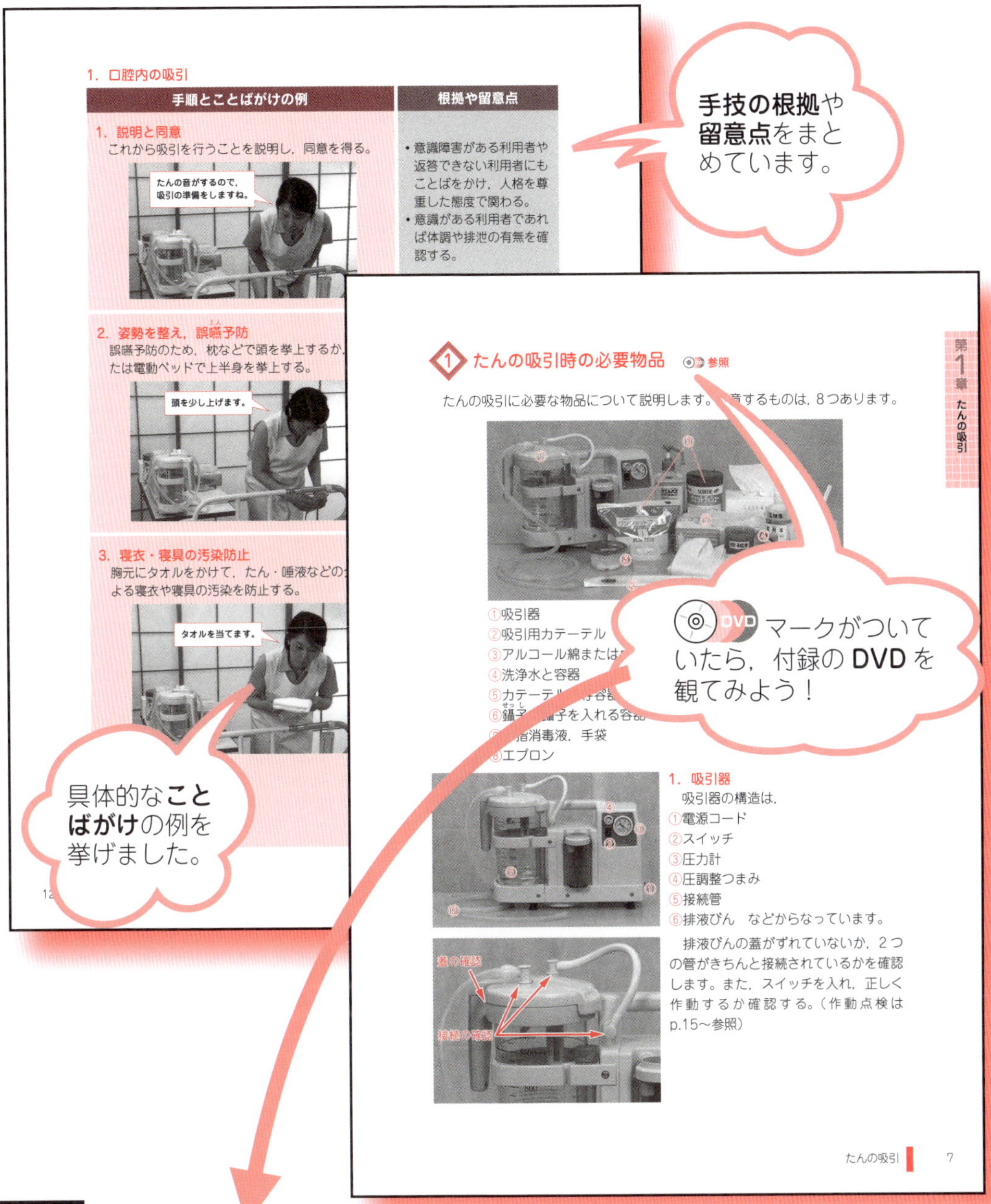
1．口腔内の吸引
手順とことばがけの例
根拠や留意点
1．説明と同意
これから吸引を行うことを説明し，同意を得る。
たんの音がするので，吸引の準備をしますね。
・意識障害がある利用者や返答できない利用者にもことばをかけ，人格を尊重した態度で関わる。
・意識がある利用者であれば体調や排泄の有無を確認する。
2．姿勢を整え，誤嚥予防
誤嚥予防のため，枕などで頭を挙上するか，たは電動ベッドで上半身を挙上する。
頭を少し上げます。
3．寝衣・寝具の汚染防止
胸元にタオルをかけて，たん・唾液などのよる寝衣や寝具の汚染を防止する。
タオルを当てます。
手技の根拠や留意点をまとめています。
具体的なことばがけの例を挙げました。
第1章 たんの吸引
1 たんの吸引時の必要物品 参照
たんの吸引に必要な物品について説明します。 意するものは，8つあります。
①吸引器
②吸引用カテーテル
③アルコール綿または
④洗浄水と容器
⑤カテーテル 容器
⑥鑷子 鑷子を入れる容器
⑦ 指消毒液，手袋
⑧エプロン
DVD マークがついていたら，付録の DVD を観てみよう！
1．吸引器
吸引器の構造は，
①電源コード
②スイッチ
③圧力計
④圧調整つまみ
⑤接続管
⑥排液びん などからなっています。
排液びんの蓋がずれていないか，2つの管がきちんと接続されているかを確認します。また，スイッチを入れ，正しく作動するか確認する。（作動点検はp.15～参照）
蓋の確認
接続の確認
たんの吸引 7

付録 DVD

介護福祉士国試対策
わかる
たん吸引と経管栄養
DVD
DVD VIDEO
PRESSED IN TAIWAN
40分
著作・制作
株式会社 医学評論社

介護福祉士国試対策
わかる
たん吸引と経管栄養
DVD
医学評論社
すべて見る
たん吸引
経管栄養
バイタルサイン

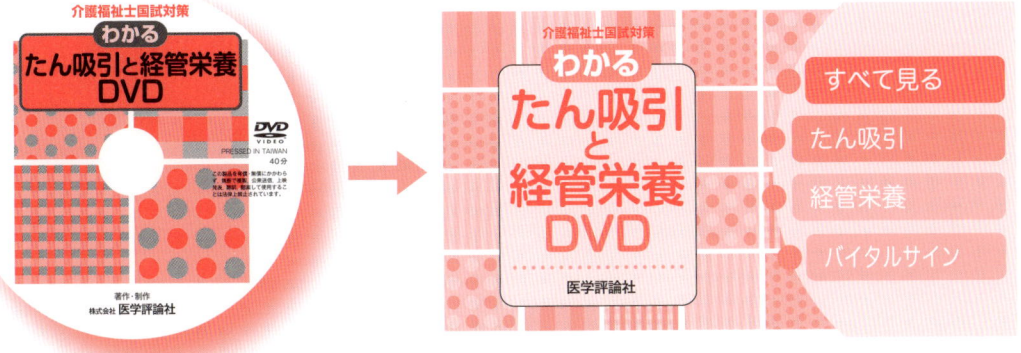

第1章 たんの吸引

介護職員等による喀痰吸引等の実施のための
制度について ………………………………… *3*
喀痰吸引等制度の全体像〔概要〕………………… *4*
たんの吸引に関わる解剖 ……………………… *5*
たんとは ……………………………………… *5*
たんの排出機構 ……………………………… *5*
吸引圧について ……………………………… *6*
◇**1** たんの吸引時の必要物品 ……………… *7*
◇**2** 介護者の準備 ……………………………… *10*
◇**3** たんの吸引の手順 ………………………… *11*

第1章 たんの吸引

　2012（平成24）年4月1日から，たんの吸引等が必要な人に対して必要なケアをより安全に提供するため，介護職員等によるたんの吸引等の実施のための制度が施行されました。厚生労働省によるその制度の概略と制度の全体像に関しては，下記の通りです。

　ここでは，そのことをふまえて，口腔・鼻腔・気管からのたんの吸引に関する知識，手順と根拠について説明していきます。

趣旨 　介護職員等による喀痰吸引等の実施のための制度について
（「社会福祉士及び介護福祉士法」の一部改正）

○介護福祉士および一定の研修を受けた介護職員等は，一定の条件の下にたんの吸引等の行為を実施できることとする。
☆たんの吸引や経管栄養は「医行為」と整理されており，現在は，一定の条件の下に実質的違法性阻却論により容認されている状況。

実施可能な行為

○たんの吸引その他の日常生活を営むのに必要な行為であって，医師の指示の下に行われるもの
※保健師助産師看護師法の規定にかかわらず，診療の補助として，たんの吸引等を行うことを業とすることができる。
☆具体的な行為については省令で定める
・たんの吸引（口腔内，鼻腔内，気管カニューレ内部）
・経管栄養（胃ろう，腸ろう，経鼻経管栄養）

介護職員等の範囲

○介護福祉士
　☆具体的な養成カリキュラムは省令で定める
○介護福祉士以外の介護職員等
　☆一定の研修を修了した者を都道府県知事が認定
　☆認定証の交付事務は都道府県が登録研修機関に委託可能

登録研修機関

○たんの吸引等の研修を行う機関を都道府県知事に登録（すべての要件に適合している場合は登録）
○登録の要件
　☆基本研修，実地研修を行うこと
　☆医師・看護師その他の者を講師として研修業務に従事
　☆研修業務を適正・確実に実施するための基準に適合
　☆具体的な要件については省令で定める
※登録研修機関の指導監督に必要な登録の更新制，届出，改善命令等の規定を整備。

登録事業者

○自らの事業の一環として，たんの吸引等の業務を行う者は，事業所ごとに都道府県知事に登録（すべての要件に適合している場合は登録）
○登録の要件
　☆医師，看護職員等の医療関係者との連携の確保
　☆記録の整備その他安全かつ適正に実施するための措置
　☆具体的な要件については省令で定める
※登録事業者の指導監督に必要な届出，報告徴収等の規定を整備。

＜対象となる施設・事業所等の例＞
・介護関係施設（特別養護老人ホーム，老人保健施設，グループホーム，有料老人ホーム，通所介護，短期入所生活介護等）
・障害者支援施設等（通所施設およびケアホーム等）
・在宅（訪問介護，重度訪問介護（移動中や外出先を含む）等）
・特別支援学校
※医療機関は対象外
出典：介護職員等によるたんの吸引等の実施のための制度の在り方に関する検討会「中間まとめ」

実施時期及び経過措置

○平成24年4月1日施行
　（介護福祉士については平成28年4月1日施行予定。ただし，それ以前であっても，一定の研修を受ければ実施可能。）
○現在，一定の条件の下にたんの吸引等を実施している者が新たな制度の下でも実施できるために必要な経過措置

介護職員等による喀痰吸引等の実施のための制度について：
http://www.mhlw.go.jp/seisakunitsuite/bunya/hukushi_kaigo/seikatsuhogo/tannokyuuin/dl/1-1-1.pdf，2013/10/6，厚生労働省より

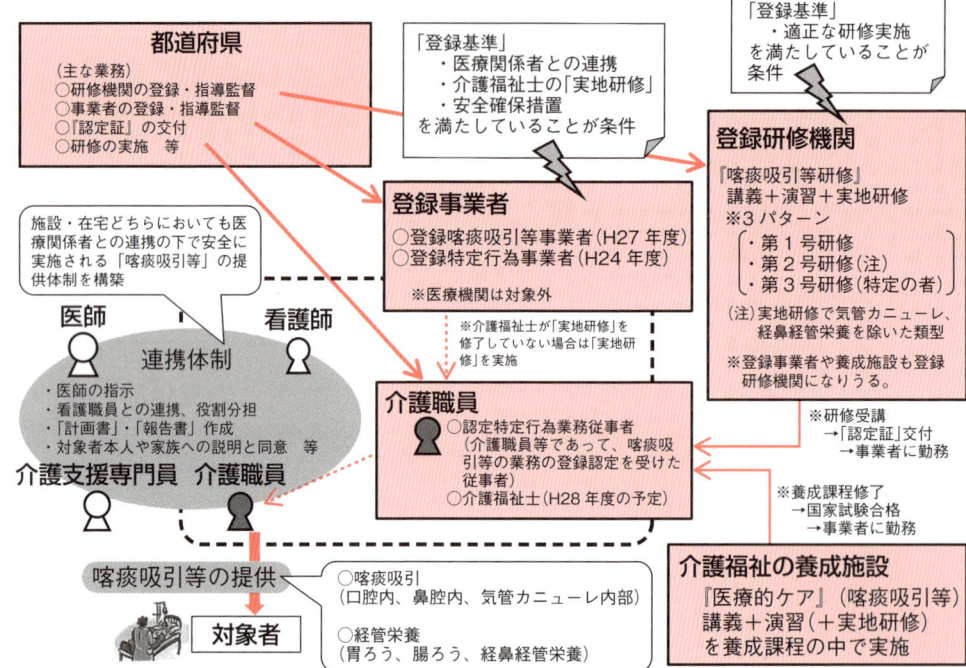

☆喀痰吸引等の業務を行う事業者の登録基準には，
1. 医療関係者との連携に関する基準
2. 喀痰吸引等を安全・適正に実施するための基準
がある。その中の1．に医師の文書による指示，計画書・報告書の作成が提示されている。⇒巻末の資料2〜7参照（p.160〜p.165）

たんの吸引に関わる解剖

たんの吸引に関連深い解剖学的部位の名称について確認しておきましょう。

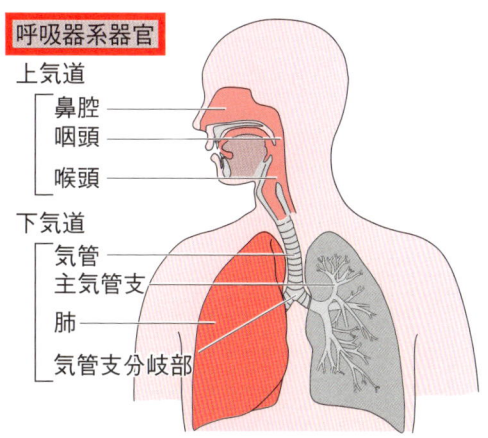

呼吸器系器官
上気道
- 鼻腔
- 咽頭
- 喉頭

下気道
- 気管
- 主気管支
- 肺
- 気管支分岐部

たんとは

たんとは，口や鼻から気道に吸い込まれた空気中の塵埃（じんあい）や細菌などが気道の粘液に吸着されたものです。

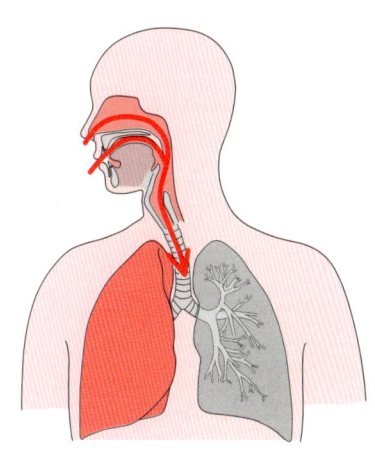

たんの排出機構

健常者の場合，有害な物質が肺に届かないように，吸い込まれた塵埃や細菌は気道粘液に吸着されてたんとなり，気道の線毛の運動と肺の呼出力によって外に排出されます。

その3つの働きが減弱，消失し，たんの自力喀出ができなくなったときに「たんの吸引」の介助が必要になります。

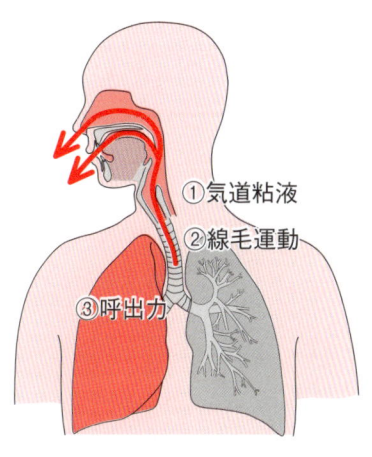

①気道粘液
②線毛運動
③呼出力

第1章 たんの吸引

たんの吸引 5

吸引圧について

　介護職員等によるたんの吸引圧の単位を文献でみると，在宅で使用されていることの多い吸引器の圧の kPa（キロパスカル）で書かれているものが多く，看護技術系の文献では，臨床で多く使用されている mmHg（ミリメートル水銀柱）で書かれているものが多くみられます。

　参考までに"口腔・鼻腔の吸引圧"と"気管内の吸引圧"について，『介護職員等によるたんの吸引等（特定の者対象）研修の指導者マニュアル』と看護技術系の文献での吸引圧を表にしてみましたので，ご覧ください。

表 1-1　介護職員のマニュアルと看護技術系文献のたんの吸引圧

	口腔・鼻腔の吸引圧	気管内の吸引圧
『介護職員等によるたんの吸引等（特定の者対象）研修の指導者マニュアル』	20 kPa 以下 （ミリメートル水銀柱でいうと 150 mmHg 以下）	20～26 kPa 以下 （ミリメートル水銀柱でいうと約 150～195 mmHg 以下）
看護技術系の文献での吸引圧 ※文献により多少幅がある。	100～200 mmHg 以下 （キロパスカルでいうと約 13～26 kPa 以下） 分泌物の粘稠度に合わせて 200～400 mmHg までとする文献もある	80～200 mmHg 以下 （キロパスカルでいうと約 10～26 kPa 以下） 150 mmHg 以下を上限とするという文献もある

※1 kPa≒7.5 mmHg

① たんの吸引時の必要物品　　参照

たんの吸引に必要な物品について説明します。用意するものは，8つあります。

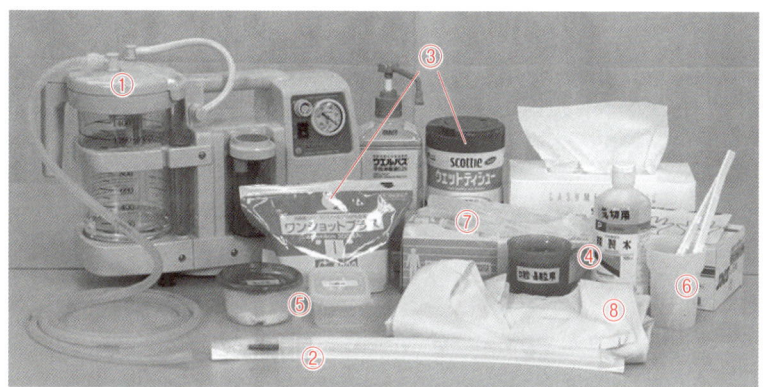

① 吸引器
② 吸引用カテーテル
③ アルコール綿またはウェットティッシュ
④ 洗浄水と容器
⑤ カテーテル保存容器
⑥ 鑷子・鑷子を入れる容器
⑦ 手指消毒液，手袋
⑧ エプロン

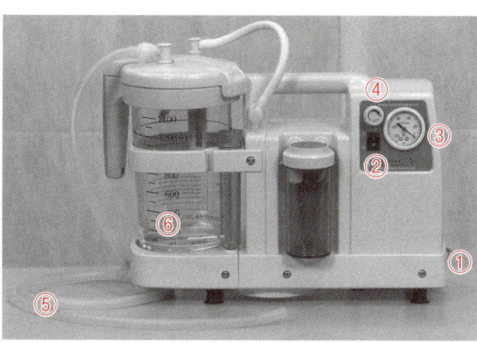

1．吸引器

吸引器の構造は，
① 電源コード
② スイッチ
③ 圧力計
④ 圧調整つまみ
⑤ 接続管
⑥ 排液びん　などからなっています。

排液びんの蓋がずれていないか，2つの管がきちんと接続されているかを確認します。また，スイッチを入れ，正しく作動するか確認する（作動点検はp.15～16参照）。

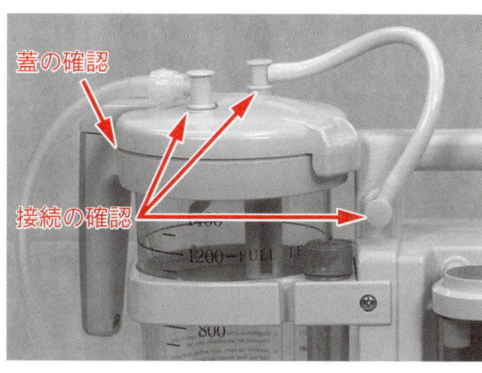

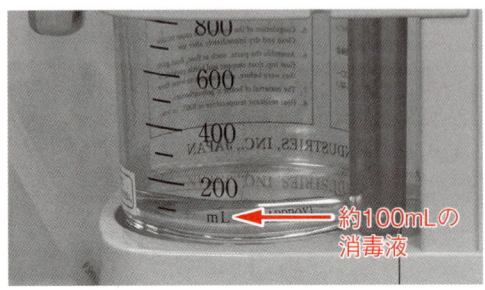

排液びんの中には，感染予防のため約100 mLの消毒液を入れておきます。

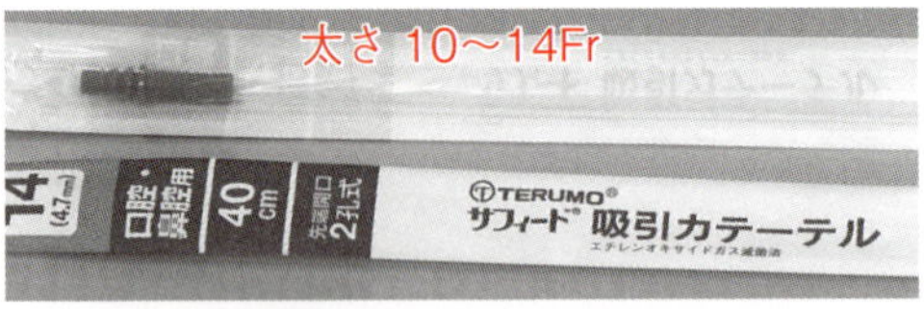

2. 吸引用カテーテル

太さは，10〜14フレンチのものを準備します。

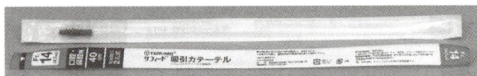

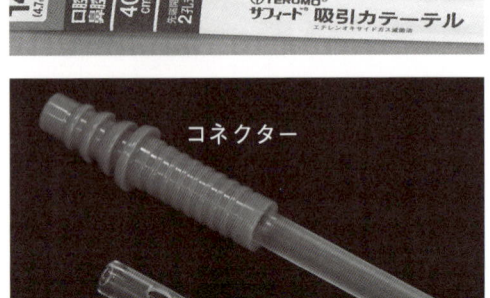

カテーテルのコネクターは，吸引器の接続管と接続する部分をいいます。

カテーテルの先端にはたんを吸引するための孔があいています。

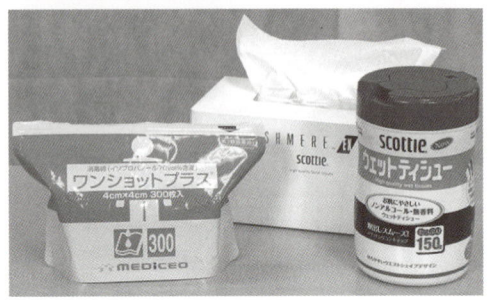

3. アルコール綿またはウェットティッシュ，ティッシュ

吸引時にカテーテル外側についた水分やたんなどの汚れを拭き取るために使用します。

気管用には，アルコール綿を使用します。

4. 洗浄水と容器

カテーテルに水を通して内腔を洗浄したり，内腔の滑りをよくするために使用します。口腔用と鼻腔用は水道水でも構いませんが，気管切開部に使用したカテーテルの洗浄には，滅菌精製水を使用します。

たんの吸引時の必要物品

5. カテーテル保存容器
　カテーテルを保存する場合は，アルコールガーゼを敷いた清潔な容器か，清潔な空の容器，または濃度を守った消毒液入りの容器に入れます。

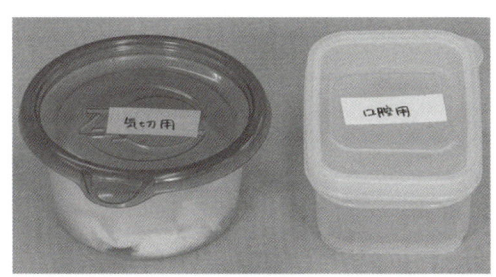

　口腔・鼻腔用と気管切開部用で保管容器を区別します。

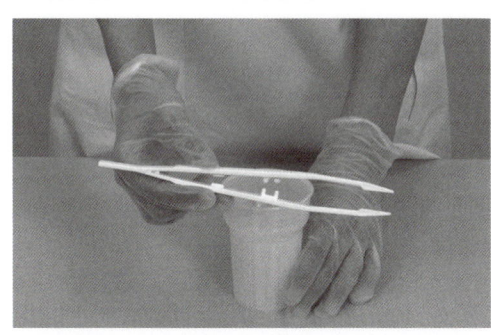

6. 鑷子（せっし）と鑷子を入れる容器（必要時）
　鑷子は，保管容器からカテーテルを取り出すときや，気管切開部の吸引をする際に，カテーテル先端を清潔に保つために使用します。

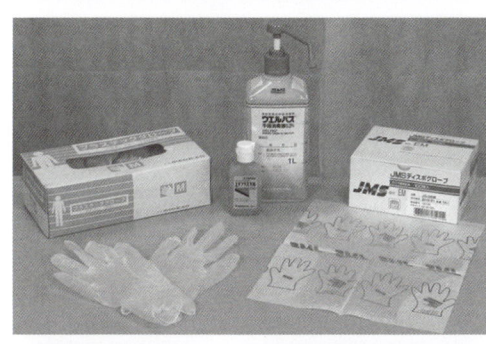

7. 手指消毒液と手袋
　速乾性の手指消毒液と使い捨ての手袋は，介護者が清潔な手で介護し，感染を予防するために使用します。

8. エプロン
　感染を予防するためにエプロンを準備します。

たんの吸引時の必要物品

介護者の準備

1. 手洗い

必ず爪は短く切っておき，手洗い前は腕時計などを外しておく。

①腕時計を外し，流水で手を洗う。

②ハンドソープをつける。

③手のひらをこすり合わせて洗う。

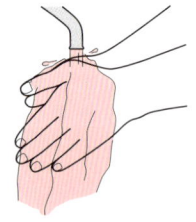
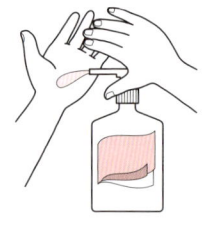
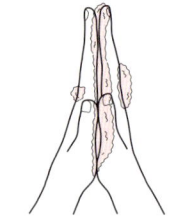

④指の間を洗う。

⑤左右の手の甲を洗う。

⑥左右の指の腹や爪を洗う。
※③～⑤でよく泡立てた泡で指先を洗う。

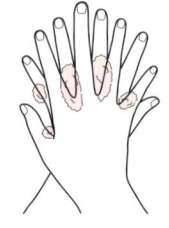
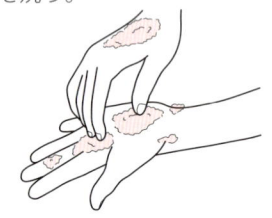

⑦左右の親指を洗う。

⑧左右の手首を洗う。

⑨洗い流し，ペーパータオルで拭く。

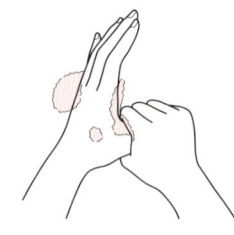
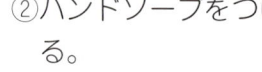

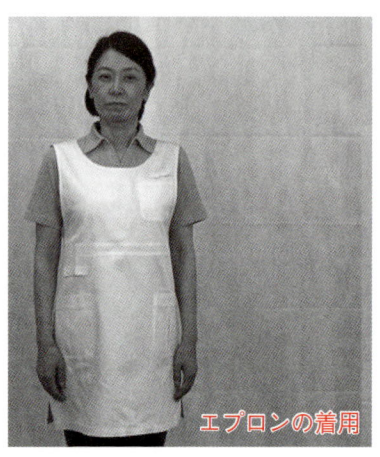
エプロンの着用

2. エプロンの着用

エプロンを着用し，たんなどの分泌物から衣服の汚染を防ぎ，感染を予防します。

③ たんの吸引の手順  参照

たんの吸引の手順は，以下の通りです。
①説明と同意
②姿勢を整え，誤嚥予防
③寝衣・寝具の汚染防止
④手指消毒
⑤手袋装着
⑥カテーテルの取り出し
⑦カテーテルと接続管の接続
⑧吸引器のスイッチを入れ，カテーテルを塞ぎ，吸引圧を確認
　※必要時，吸引圧の調整
⑨通水（必要時）
　※通水した場合，カテーテル外側の液の拭き取り
★人工呼吸器をつけている場合，ここで人工呼吸器を気管カニューレから取り外す
⑩カテーテルの挿入
⑪口腔・鼻腔，または気管カニューレからの吸引
⑫カテーテルの抜去
★人工呼吸器をつける場合，ここで人工呼吸器を気管カニューレに取り付ける
⑬カテーテルを拭く
⑭カテーテルの内腔洗浄
⑮吸引は十分かを確認
★サイドチューブ付き気管カニューレの場合，ここでサイドチューブからたんを吸引する
⑯吸引器のスイッチを切る
⑰姿勢と体位，寝衣・寝具などを整え，片付ける

1. 口腔内の吸引

手順とことばがけの例	根拠や留意点
1. 説明と同意 これから吸引を行うことを説明し，同意を得る。 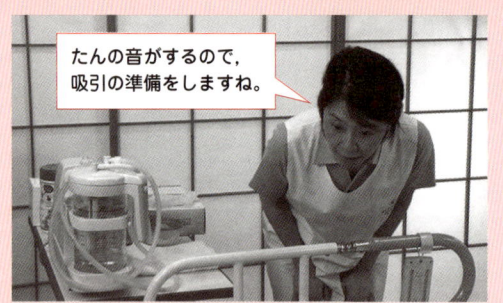 たんの音がするので，吸引の準備をしますね。	・意識障害がある利用者や返答できない利用者にもことばをかけ，人格を尊重した態度で関わる。 ・意識がある利用者であれば，体調や排泄の有無を確認する。
2. 姿勢を整え，誤嚥予防 誤嚥予防のため，枕などで頭を挙上するか，手動または電動ベッドで上半身を挙上する。 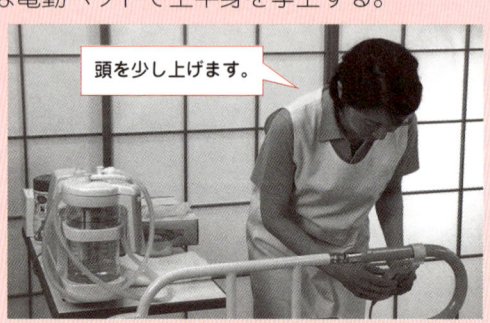 頭を少し上げます。	・姿勢を変えるときは，説明をしてから行う。
3. 寝衣・寝具の汚染防止 胸元にタオルをかけて，たん・唾液などの分泌物による寝衣や寝具の汚染を防止する。 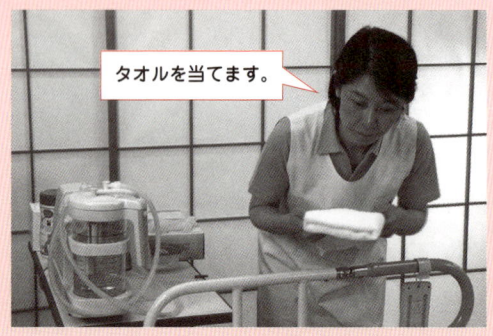 タオルを当てます。	

手順とことばがけの例	根拠や留意点
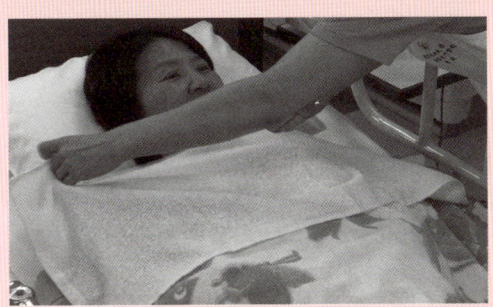	
4. 手指消毒 　介護者は，速乾性の手指消毒薬で手洗いと同様の動作で手指を消毒する。 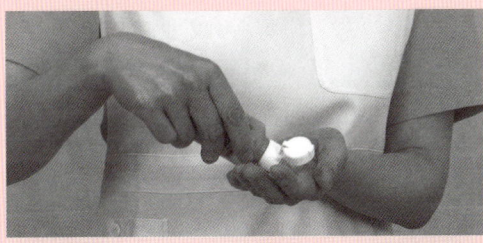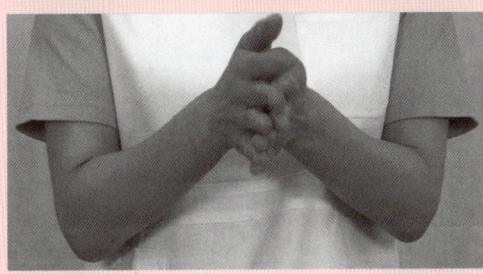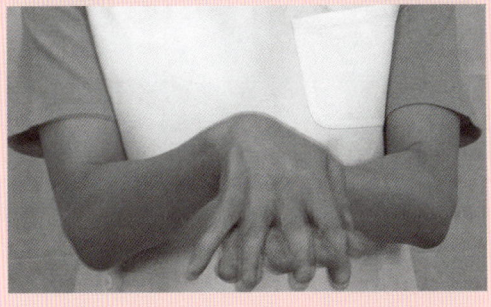	

手順とことばがけの例	根拠や留意点
5. 手袋装着 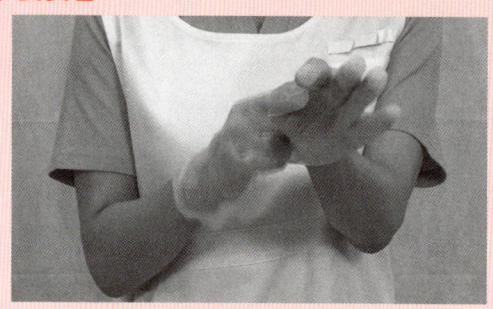	・未滅菌で構わないが，清潔な使い捨ての手袋を着用する。手袋を着用することにより，吸引カテーテルを清潔に扱え，たんなどの分泌物による介護者の汚染を避け，感染を予防する。
6. カテーテルの取り出し 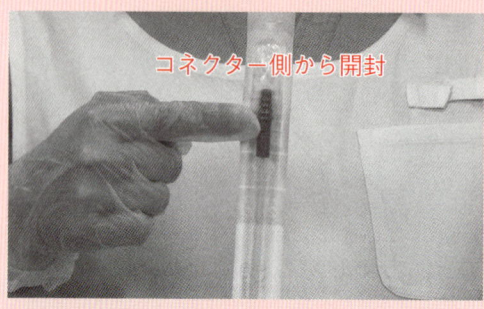　コネクター側から開封 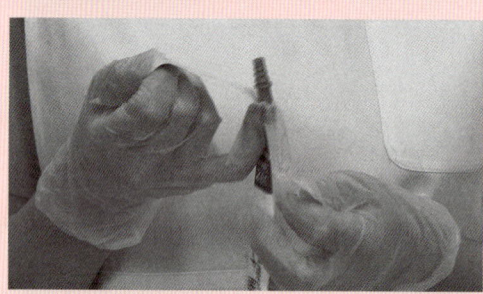 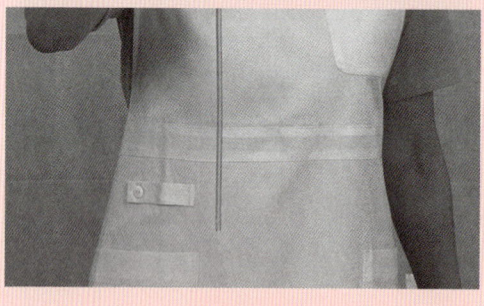	・滅菌バッグから新しいカテーテルを取り出す場合は，コネクター側から開封して取り出す。 ・孔のあるカテーテル先端を利用者の口に入れるので，先端約10 cmを清潔に保つ。カテーテル先端が周囲に触れて不潔にならないよう注意する。

手順とことばがけの例	根拠や留意点
※保管容器のカテーテルを再利用する場合 	・保管容器からカテーテルを取り出し再利用する場合には，手袋をした手で取り出すか，鑷子を用いて取り出す。
7. カテーテルと接続管の接続 　カテーテルと接続管をしっかり接続する。 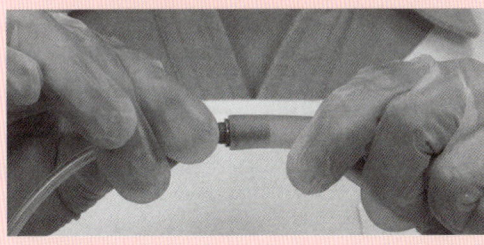	
8. 吸引器のスイッチを入れ，カテーテルを塞ぎ，吸引圧を確認 　吸引圧の確認は，コネクター部分でカテーテルを塞ぐと確認できる。 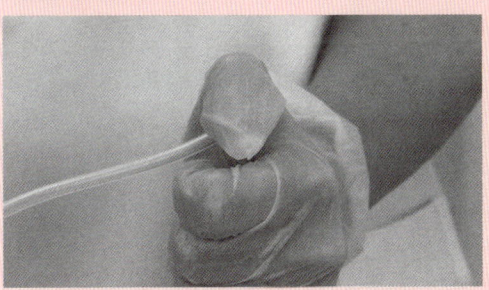	

手順とことばがけの例	根拠や留意点
 吸引圧：20kPa以下 ※必要時，圧調整つまみを動かして，安全な圧に調整する。  圧調整つまみ	・口腔内の吸引圧は一般的に20 kPa（150 mmHg）以下とする。 kPaは，キロパスカルと読む。 mmHgは，ミリメートル水銀柱（ミリメートルエイチジー，ミリメートルマーキュリー）と読む。 ・吸引圧が高すぎると，口腔粘膜損傷のおそれがある。調整が必要な場合は，圧調整つまみで調整する。 ・スイッチは利き手ではない方の手で入れる。
9．必要時，通水 　吸引前に1〜2回，カテーテルに洗浄水を通す。 	・口腔内吸引のカテーテル洗浄水は，水道水でも構わない。 ・使用前に通水すると内腔の滑りがよくなる。ただし，滅菌バッグから取り出したばかりのカテーテルを使用する場合は，滅菌のまま使用する方が清潔なので通水はしない。

手順とことばがけの例	根拠や留意点
※カテーテルの外側が濡れたまま挿入しない。 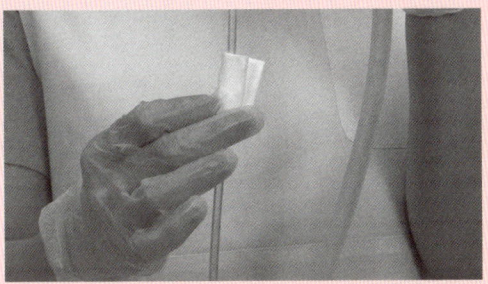	・保管容器から取り出したカテーテルを通水した場合や消毒液の入った保管容器からカテーテルを取り出したときには、カテーテルから水が口の中に垂れるおそれがある。それは、利用者にとって不快なため濡れたカテーテルの外側は、ウェットティッシュやティッシュ（またはアルコール綿）で拭いてから口の中に挿入する。
10. カテーテルの挿入 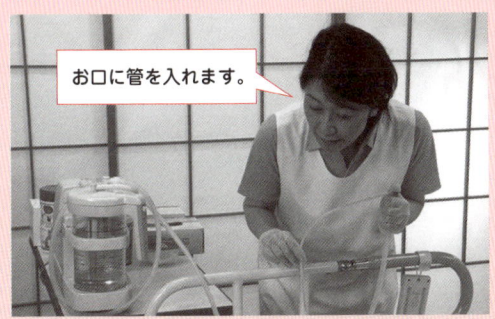（お口に管を入れます。） 挿入時、利き手でカテーテルの先端に近い側を持ち、利き手ではない方の親指でコネクター部分を塞ぎ、吸引圧をかけずに口腔内に挿入する。 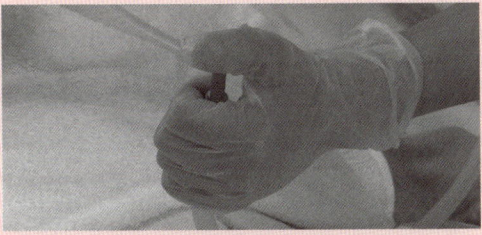 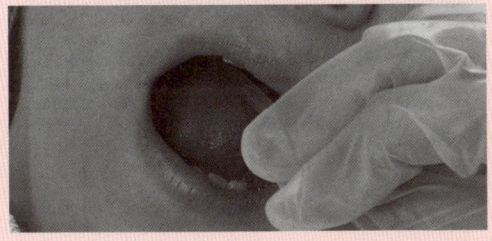	・吸引を始める前に、必ずことばがけを行う。 ・吸引圧をかけずに挿入する理由は、速やかにカテーテル先端を吸引したい部位にもっていくためと、口腔粘膜の損傷を防ぐためである。ただし、たんや唾液などが口腔の入口まできていれば、カテーテルを開放したまま速やかに圧をかけて吸引してよい。

| 手順とことばがけの例 | 根拠や留意点 |

11. 口腔内の吸引
カテーテルを塞いでいた指を開放する。

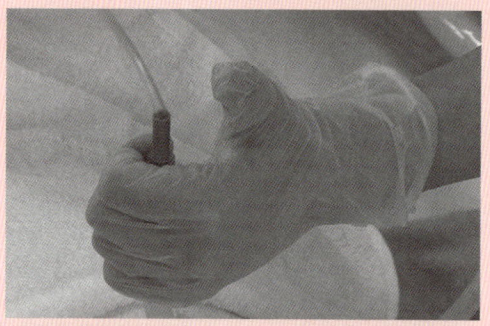

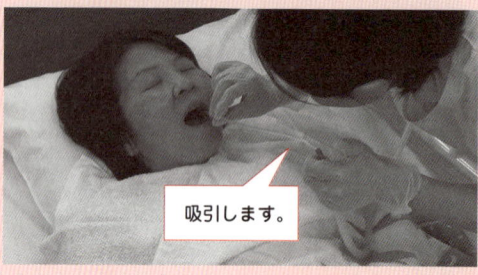

吸引します。

20 kPa（150 mmHg）以下の吸引圧をかけ，たんや唾液などを吸引する。
1回の吸引時間は，10～15秒以内とする。
吸引をしながら，たんの性状，呼吸状態などを観察する。

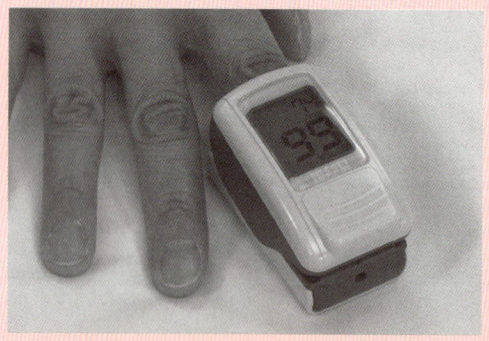

- 口腔粘膜の損傷を避けるため，吸引圧を守る。
- 吸引圧が強すぎたり，吸引時間が長すぎると，分泌物とともに酸素を含む空気を吸引し過ぎて低酸素状態を引き起こし，吸引される人は苦しくなってしまう。
  パルスオキシメーターをつけていれば，その値も確認する。基準値は，95％以上である。

手順とことばがけの例	根拠や留意点
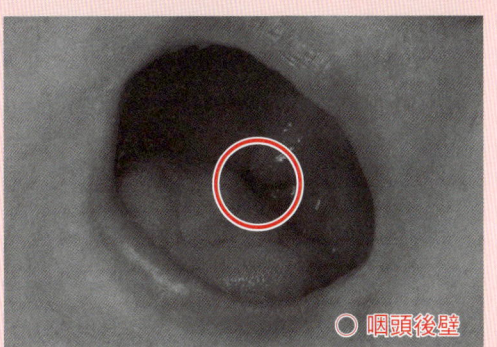 ○咽頭後壁 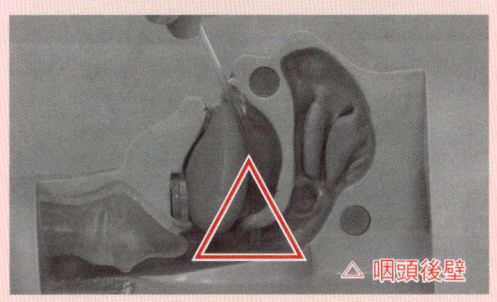 △咽頭後壁	• 吸引時，咽頭後壁を強く刺激すると，嘔吐反射を誘発するため強く刺激しないように注意する。
12. カテーテルの抜去 　カテーテルを左右に回転させながら抜去する。 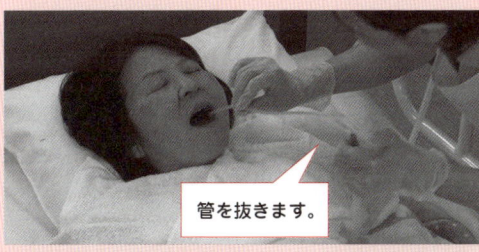 管を抜きます。 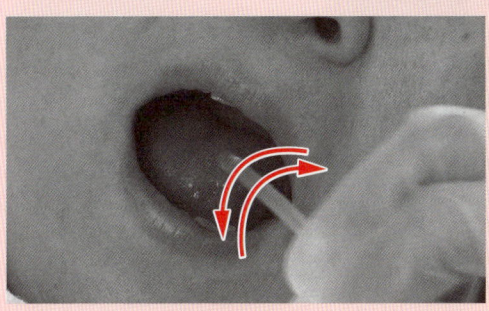	• 回転させながら抜くことで，圧が1点にかからず，粘膜の損傷を防ぐことができる。

手順とことばがけの例	根拠や留意点
13. カテーテルを拭く 使用したカテーテルの外側についたたんなどの分泌物をアルコール綿で拭き取る。 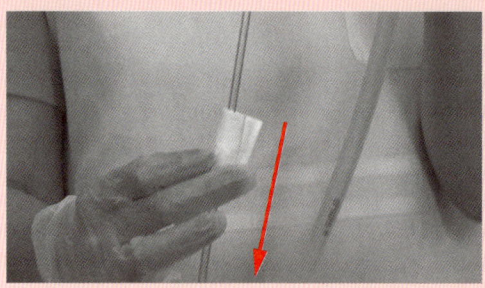	・拭くときは，先端に向かって拭きおろす。汚れている先端側から拭き上げないようにする。 ・吸引前の通水時には，ウェットティッシュなどでカテーテルを拭いても構わなかったが，吸引後，たんなど汚染したものを拭き取るときにはアルコール綿の使用が望ましい。
14. カテーテルの内腔洗浄 カテーテル内腔，接続管に洗浄水を通し，たんなどの汚物をすべて排液びんに流す。 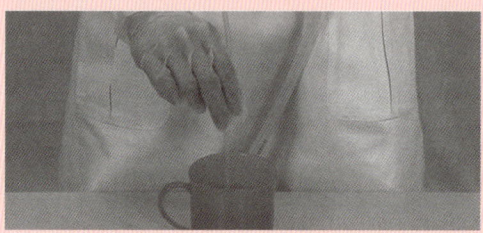	・カテーテルの外側を拭かないまま洗浄すると，容器内の洗浄水が汚れてしまうので，拭いてから洗浄するという順番を守る。 ・口腔用の洗浄水は，水道水でもよい。
15. 吸引は十分かを確認  利用者に唾液やたんなどが口腔内に残っていないか，さらに吸引をしなくてよいか，呼吸状態が安定しているかを確認する。 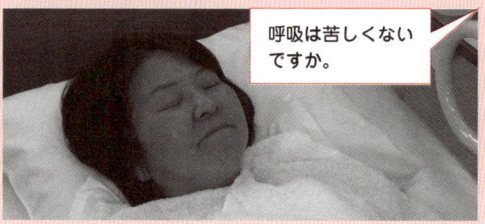	・本人に確認できなければ，介護者が状態を観察し，異常時には医療者に連絡する。 ※呼吸に異常が起きたときの症状：呼吸困難感，喘鳴，顔色不良，呼吸回数の増加または遅延，頻脈，経皮的動脈血酸素飽和度（SpO_2）の低下など。 ※経皮的動脈血酸素飽和度90％以下は，酸素吸入の適応である。

手順とことばがけの例	根拠や留意点
16. 吸引器のスイッチを切る 利用者の状態が安定していることを確認したら，吸引器のスイッチを切る。 	
17. 姿勢と体位，寝衣・寝具などを整え，片付ける 利用者の姿勢と体位，寝衣・寝具などを整え，必要物品を片付け，足りないものは補充する。 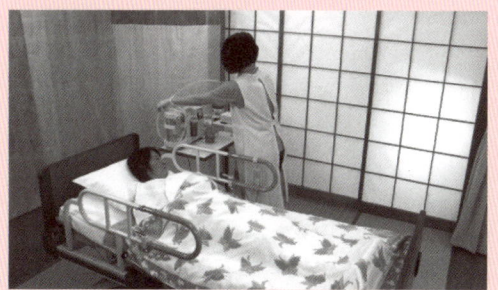 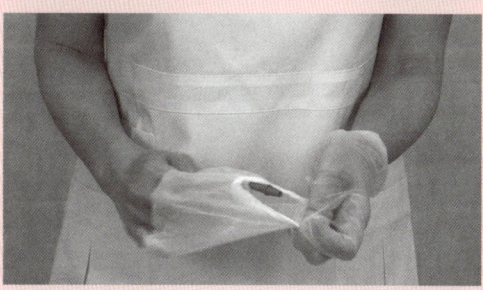 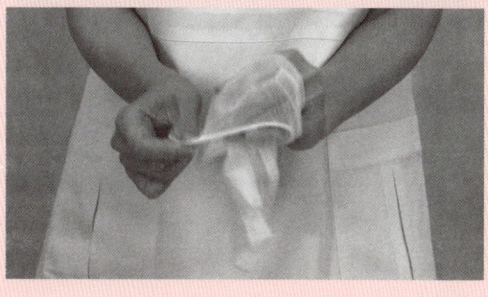	・排液びんに液が70〜80％たまったら排液し，びんを洗浄して新たに消毒液を入れ，吸引器にセットする。 ・手袋とカテーテルを捨てるとき，中表になった手袋内にカテーテルを包み込み，一緒に捨てる方法もある。

たんの吸引の手順　21

2. 鼻腔内の吸引

手順とことばがけの例	根拠や留意点
1. 説明と同意 　これから吸引を行うことを説明し，同意を得る。 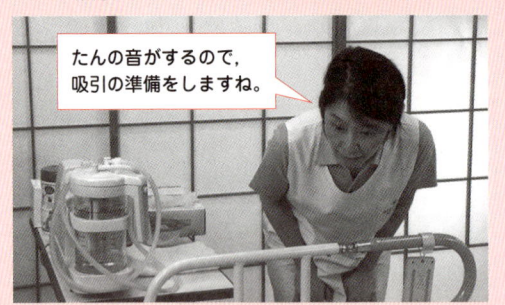 たんの音がするので，吸引の準備をしますね。	・意識障害がある利用者や返答できない利用者にもことばをかけ，人格を尊重した態度で関わる。 ・意識がある利用者であれば，体調や排泄の有無を確認する。
2. 姿勢を整え，誤嚥予防 　誤嚥予防のため，枕などで頭を挙上するか，手動または電動ベッドで上半身を挙上する。 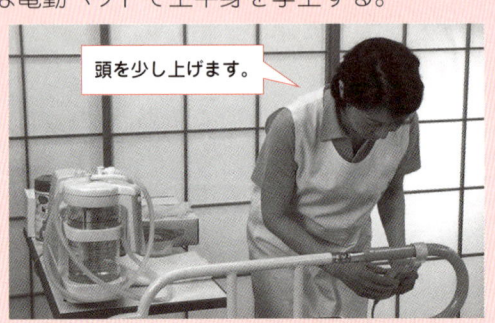 頭を少し上げます。	・姿勢を変えるときは，説明をしてから行う。
3. 寝衣・寝具の汚染防止 　胸元にタオルをかけて，たん・唾液などの分泌物による寝衣や寝具の汚染を防止する。 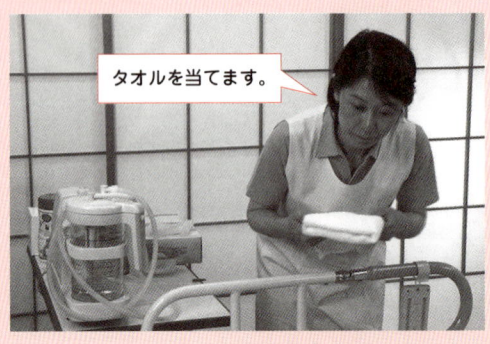 タオルを当てます。	

手順とことばがけの例	根拠や留意点
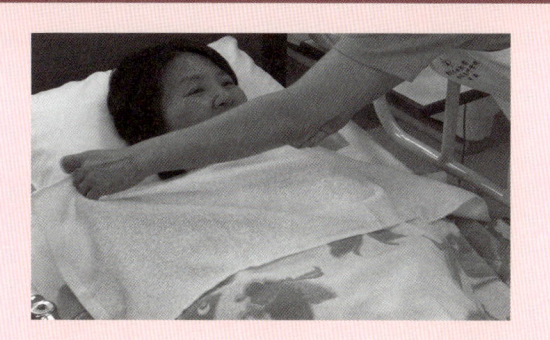	
4. 手指消毒 　介護者は，速乾性の手指消毒薬で手洗いと同様の動作で手指を消毒する。 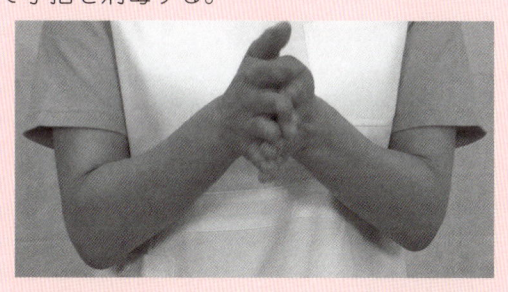	
5. 手袋装着 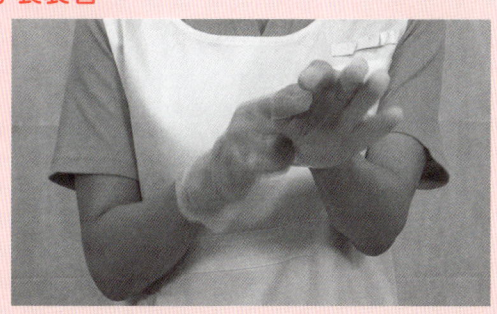	・未滅菌で構わないが，清潔な使い捨ての手袋を着用する。手袋を着用することにより，吸引カテーテルを清潔に扱え，たんなどの分泌物による介護者の汚染を避け，感染を予防する。
6. カテーテルの取り出し 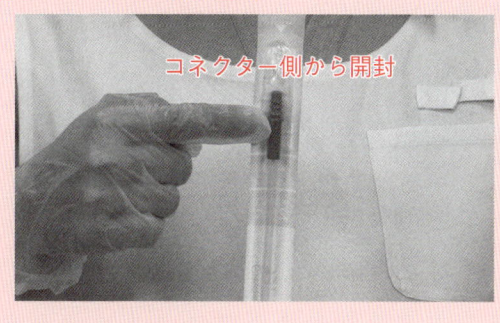 コネクター側から開封	・滅菌バッグから新しいカテーテルを取り出す場合は，コネクター側から開封して取り出す。

たんの吸引の手順

手順とことばがけの例	根拠や留意点
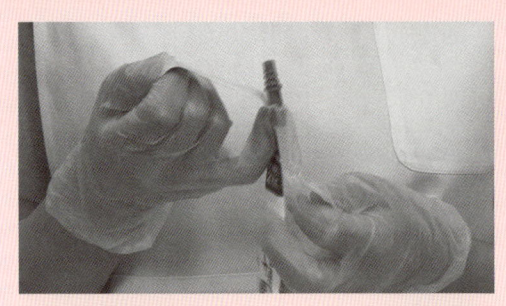 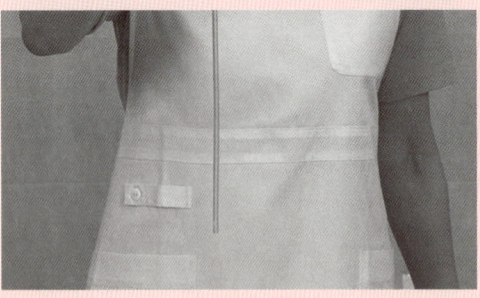	・孔のあるカテーテル先端を利用者の鼻腔に入れるので，先端約10cmを清潔に保つ。カテーテル先端が周囲に触れて不潔にならないよう注意する。
※保管容器のカテーテルを再利用する場合 	・保管容器からカテーテルを取り出し再利用する場合には，手袋をした手で取り出すか，鑷子(せっし)を用いて取り出す。
7. カテーテルと接続管の接続 　カテーテルと接続管をしっかり接続する。 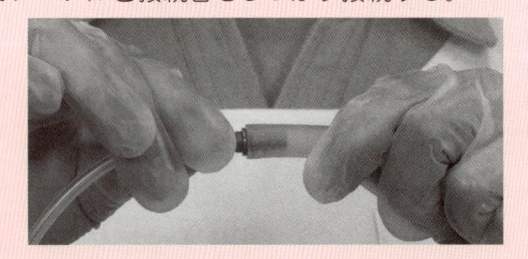	

手順とことばがけの例	根拠や留意点

8. 吸引器のスイッチを入れ，カテーテルを塞ぎ，吸引圧を確認

吸引圧の確認は，コネクター部分でカテーテルを塞ぐと確認できる。

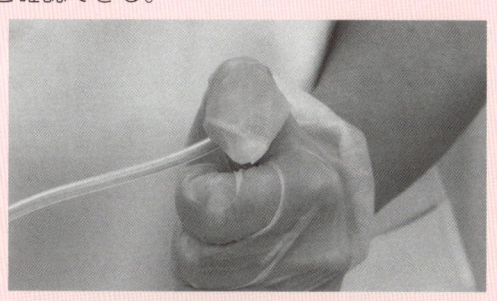

吸引圧：20kPa以下

※必要時，圧調整つまみを動かして，安全な圧に調整する。

圧調整つまみ

- 鼻腔内の吸引圧は一般的に20 kPa（150 mmHg）以下とする。
  kPaは，キロパスカルと読む。
  mmHgは，ミリメートル水銀柱（ミリメートルエイチジー，ミリメートルマーキュリー）と読む。

- 吸引圧が高すぎると，鼻腔粘膜損傷のおそれがある。

手順とことばがけの例	根拠や留意点
9. 必要時，通水 吸引前に1〜2回，カテーテルに洗浄水を通す。 ※カテーテルの外側が濡れたまま挿入しない。	・鼻腔内吸引のカテーテル洗浄水は，水道水でも構わない。 ・使用前に通水すると内腔の滑りがよくなる。ただし，滅菌バッグから取り出したばかりのカテーテルを使用する場合は，滅菌のまま使用する方が清潔なので通水はしない。 ・保管容器から取り出したカテーテルを通水した場合や消毒液の入った保管容器からカテーテルを取り出したときには，カテーテルから水が鼻腔の中に垂れるおそれがある。それは，利用者にとって不快なため濡れたカテーテルの外側は，ウェットティッシュやティッシュ（またはアルコール綿）で拭いてから鼻腔に挿入する。
10. カテーテルの挿入 お鼻に管を入れます。	

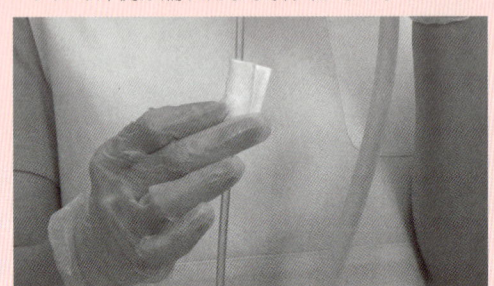

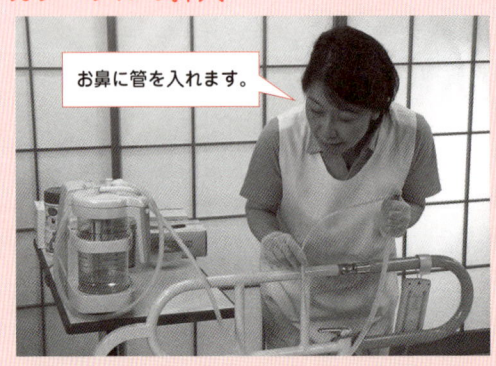

手順とことばがけの例	根拠や留意点
挿入時，利き手でカテーテルの先端に近い側を持ち，利き手ではない方の親指でコネクター部分を塞ぎ，吸引圧をかけずに鼻腔内に挿入する。 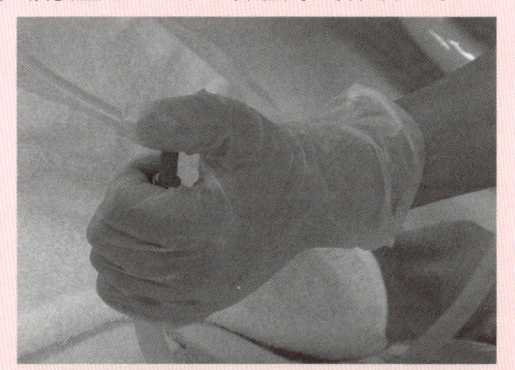 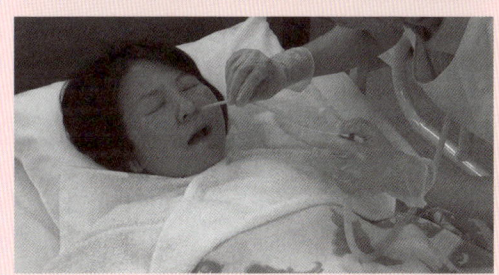	・吸引圧をかけずに挿入する理由は，速やかにカテーテル先端を吸引したい部位にもっていくためと，鼻腔粘膜の損傷を防ぐためである。ただし，たんなどが鼻孔まで出てきていれば，カテーテルを開放したまま速やかに圧をかけて吸引してよい。
11. 鼻腔内の吸引 カテーテルを塞いでいた指を開放する。 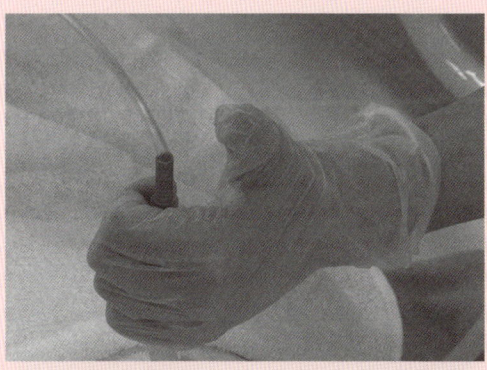 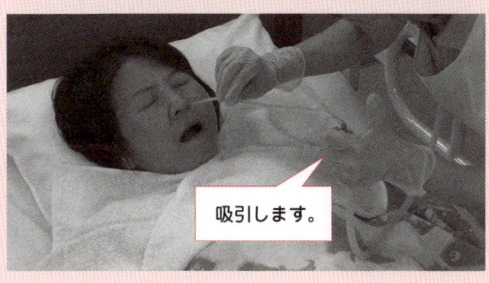 吸引します。	・吸引を始める前に，必ずことばがけを行う。 ・カテーテルが入りづらい場合は，医療者に連絡・相談する。

| 手順とことばがけの例 | 根拠や留意点 |

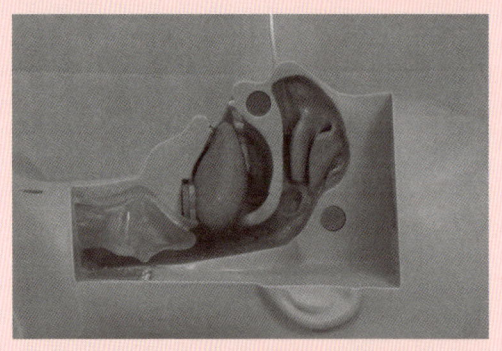

鼻腔の解剖とカテーテルの挿入経路

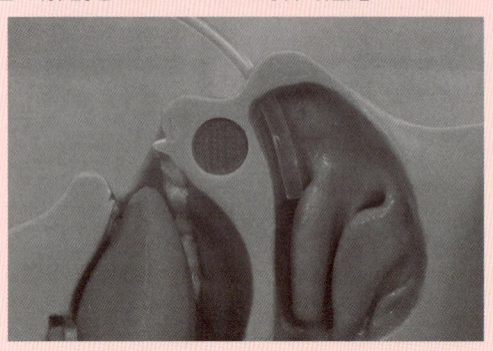

カテーテルは，鼻孔から約数 cm は少し上向きに挿入し，その後は鼻中隔の底に沿って挿入する。
スムーズに入れば，約 8～10 cm 入れて吸引圧をかけるが，挿入しにくい場合は鼻孔から数 cm のところで吸引し抜去するか，反対側の鼻腔から試みる。
20 kPa（150 mmHg）以下の吸引圧をかけ，たんや唾液などを吸引する。
1 回の吸引時間は，10～15 秒以内とする。
吸引をしながら，たんの性状，呼吸状態などを観察する。

- 無理に入れると痛みや鼻出血を起こすため，無理な挿入は避ける。

- 鼻腔粘膜の損傷を避けるため，吸引圧を守る。
- 吸引圧が強すぎたり，吸引時間が長すぎると，分泌物とともに酸素を含む空気を吸引し過ぎて低酸素状態を引き起こし，吸引される人は苦しくなってしまう。
パルスオキシメーターをつけていれば，その値も確認する。基準値は，95％以上である。

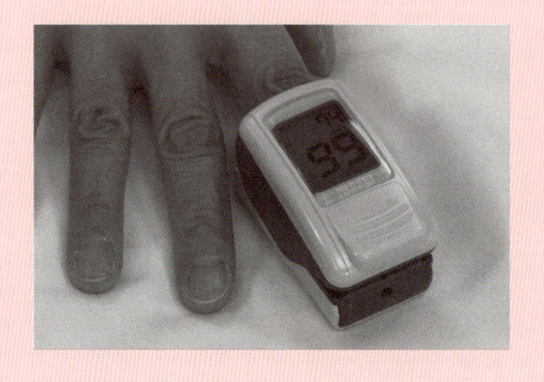

手順とことばがけの例	根拠や留意点
12. カテーテルの抜去 カテーテルを左右に回転させながら抜去する。 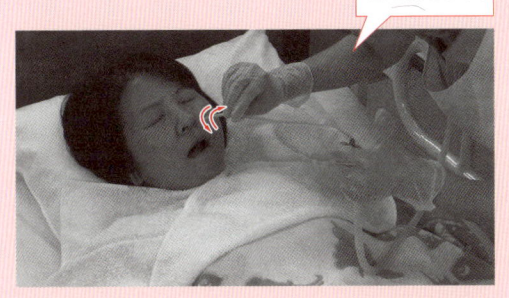 （吹き出し：管を抜きます。）	・回転させながら抜くことで、圧が1点にかからず、粘膜の損傷を防ぐことができる。
13. カテーテルを拭く 使用したカテーテルの外側についたたんなどの分泌物をアルコール綿で拭き取る。 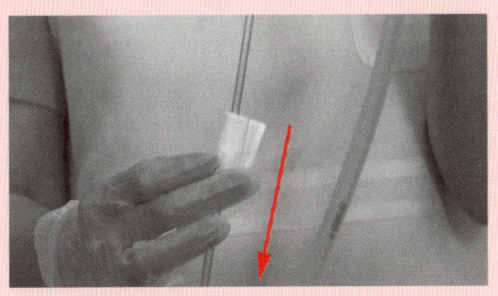	・拭くときは、先端に向かって拭きおろす。汚れている先端側から拭き上げないようにする。 ・吸引前の通水時には、ウェットティッシュやティッシュでの拭き取りで構わなかったが、吸引後の拭き取り時には、たんなど汚染したものを拭き取るため、アルコール綿の使用が望ましい。
14. カテーテルの内腔洗浄 カテーテル内腔、接続管に洗浄水を通し、たんなどの汚物をすべて排液びんに流す。 	・カテーテルの外側を拭かないまま洗浄すると、容器内の洗浄水が汚れてしまうので、拭いてから洗浄するという順番を守る。 ・鼻腔用の洗浄水は、水道水でもよい。

手順とことばがけの例	根拠や留意点

15. 吸引は十分かを確認

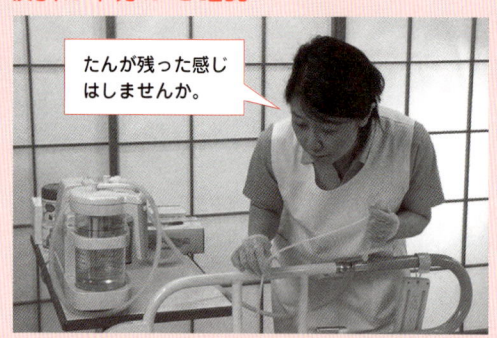

> たんが残った感じはしませんか。

利用者に唾液やたんなどが鼻腔内に残っていないか，さらに吸引をしなくてよいか，呼吸状態が安定しているかを確認する。

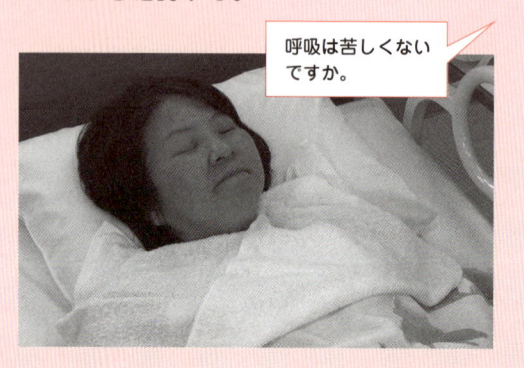

> 呼吸は苦しくないですか。

- 本人に確認できなければ，介護者が状態を観察し，異常時には医療者に連絡する。
- ※呼吸に異常が起きたときの症状：呼吸困難感，喘鳴，顔色不良，呼吸回数の増加または遅延，頻脈，経皮的動脈血酸素飽和度（SpO_2）の低下など。
- ※経皮的動脈血酸素飽和度90％以下は，酸素吸入の適応である。

16. 吸引器のスイッチを切る

利用者の状態が安定していることを確認したら，吸引器のスイッチを切る。

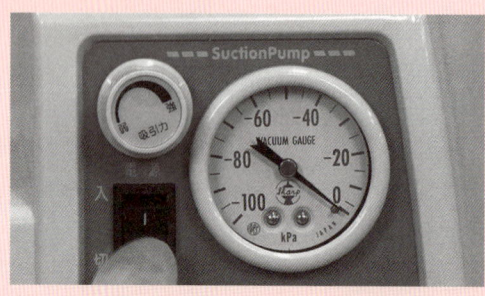

たんの吸引の手順

手順とことばがけの例	根拠や留意点

17. 姿勢と体位，寝衣・寝具などを整え，片付ける

利用者の姿勢と体位，寝衣・寝具などを整え，必要物品を片付け，足りないものは補充する。

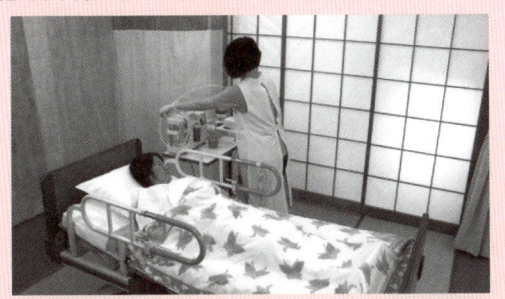

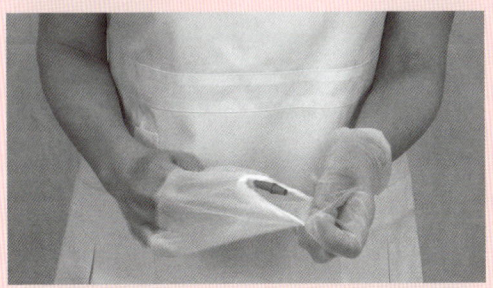

- 排液びんに分泌物が70〜80％たまったらトイレに廃棄し，びんを洗浄し新たに消毒液を入れて吸引器にセットする。

- 手袋とカテーテルを捨てるとき，中表になった手袋内にカテーテルを包み込み，一緒に捨てる方法もある。
- 使用した物品で洗える物は中性洗剤で洗浄し，消毒液に浸して自然乾燥させる。

3. 気管内の吸引

　気管切開部からのたんの吸引の手順は，口腔・鼻腔内吸引の手順に準ずるが，気管切開部は，口腔・鼻腔内に比べ無菌的な部位であり，本来は外界から閉ざされている部位が開口している状態となっている。したがって，口腔・鼻腔内吸引よりもより清潔に配慮して実施しなければならない。

　また，解剖学的にカテーテルの挿入経路を理解し，気管支粘膜や気管支分岐部の損傷を避けなければならない。そして，気管カニューレの一般的な構造についても理解しておくことが大切である。

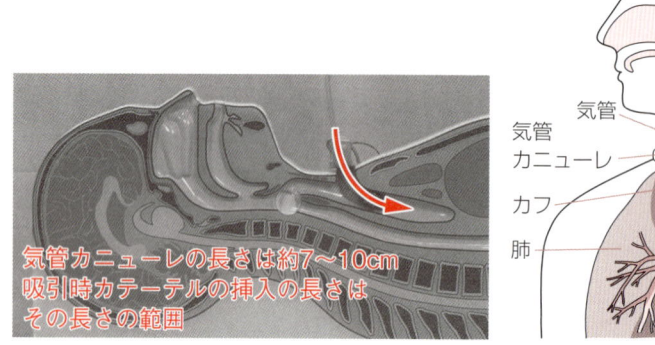

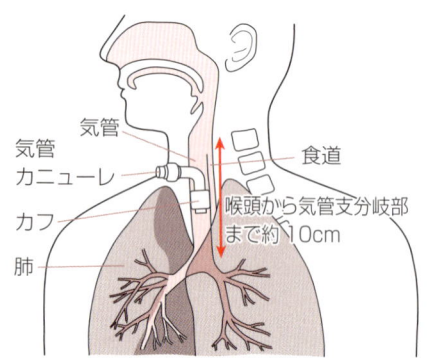

気管カニューレの長さは約7～10cm
吸引時カテーテルの挿入の長さは
　その長さの範囲

気管
気管カニューレ
カフ
肺
食道
喉頭から気管支分岐部まで約10cm

※気管カニューレからのたんの吸引については，介護職員等の場合，気管カニューレ内部までの吸引は許容範囲とされ，カニューレ下端を越えてはならないことになっている。

図 1-1　気管カニューレの挿入経路

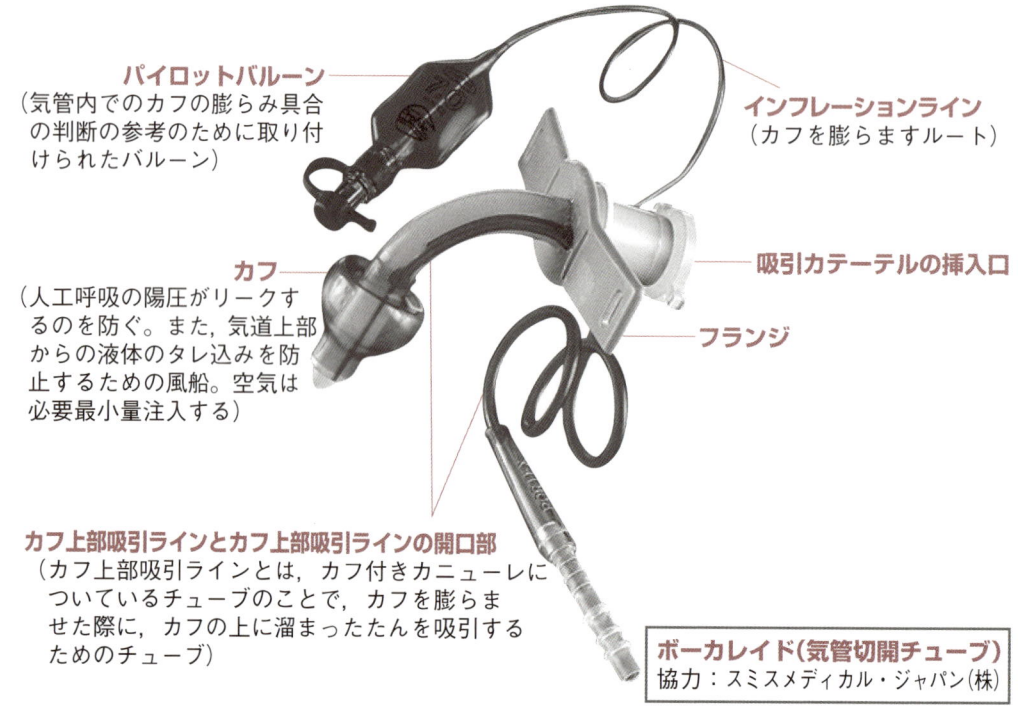

パイロットバルーン
（気管内でのカフの膨らみ具合の判断の参考のために取り付けられたバルーン）

カフ
（人工呼吸の陽圧がリークするのを防ぐ。また，気道上部からの液体のタレ込みを防止するための風船。空気は必要最小量注入する）

カフ上部吸引ラインとカフ上部吸引ラインの開口部
（カフ上部吸引ラインとは，カフ付きカニューレについているチューブのことで，カフを膨らませた際に，カフの上に溜まったたんを吸引するためのチューブ）

インフレーションライン
（カフを膨らますルート）

吸引カテーテルの挿入口

フランジ

ボーカレイド（気管切開チューブ）
協力：スミスメディカル・ジャパン(株)

© 2014 Smiths Medical Japan Ltd. All Rights Reserved.

図 1-2　気管カニューレの構造

手順とことばがけの例	根拠や留意点
1. 説明と同意 これから吸引を行うことを説明し，同意を得る。 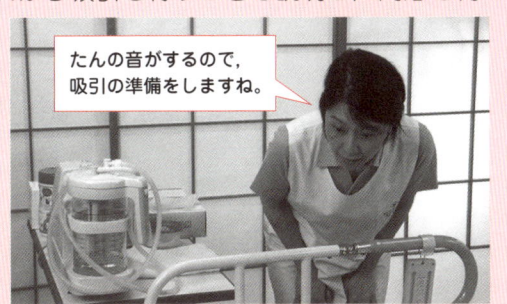 ［たんの音がするので，吸引の準備をしますね。］	・意識障害がある利用者や返答できない利用者にもことばをかけ，人格を尊重した態度で関わる。 ・意識がある利用者であれば，体調や排泄の有無を確認する。
2. 姿勢を整え，誤嚥予防 誤嚥予防のため，枕などで頭を挙上するか，手動または電動ベッドで上半身を挙上する。 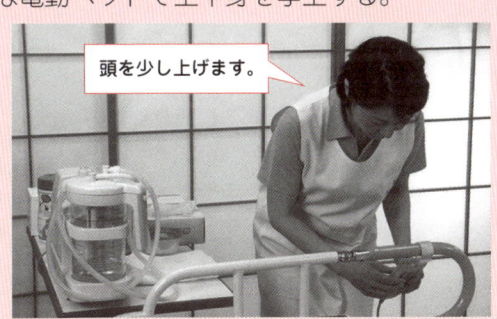 ［頭を少し上げます。］	・姿勢を変えるときは，説明をしてから行う。
3. 寝衣・寝具の汚染防止 胸元にタオルをかけて，たん・唾液などの分泌物による寝衣や寝具の汚染を防止する。 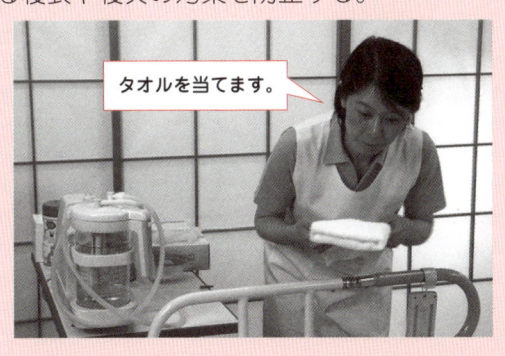 ［タオルを当てます。］	

たんの吸引の手順

手順とことばがけの例	根拠や留意点
4. 手指消毒 　介護者は，速乾性の手指消毒薬で手指を消毒する。	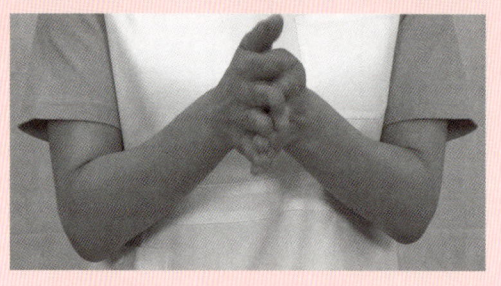
5. 手袋装着	・口腔や鼻腔の吸引時は，未滅菌の清潔な使い捨て手袋でよかったが，気管は本来無菌的な部位であるため，滅菌された使い捨ての手袋を着用する。
6. カテーテルの取り出し コネクター側から開封	・気管切開部からの吸引用カテーテルは，本来無菌的な部位に挿入するため，原則として，毎回滅菌バッグから新しいカテーテルを取り出して使用することが望ましい。

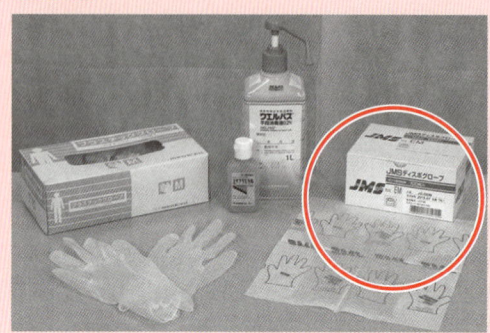

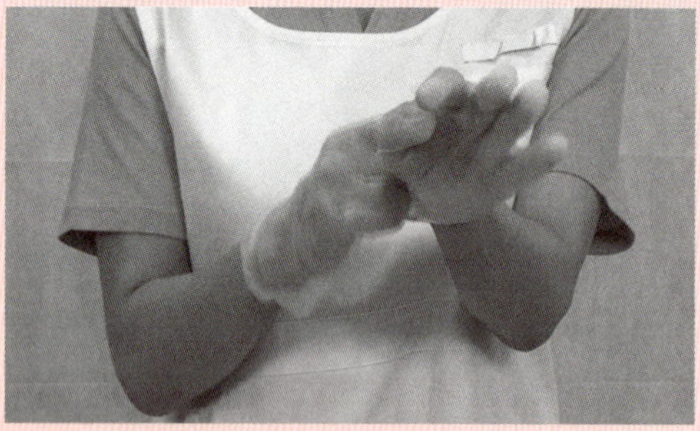

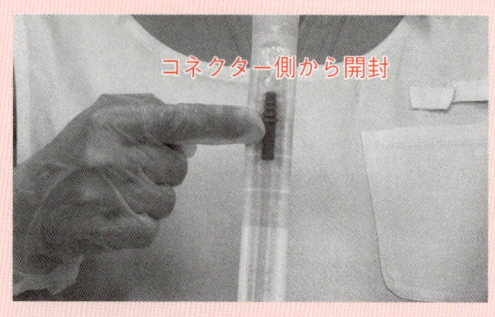

手順とことばがけの例	根拠や留意点
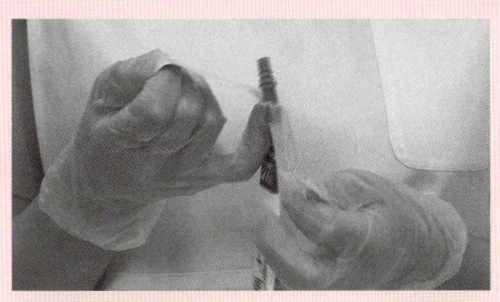 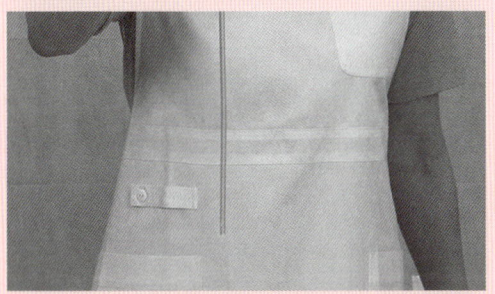	・滅菌バッグから新しいカテーテルを取り出す場合は，コネクター側から開封する。孔のあるカテーテル先端を利用者の気管に入れるので，先端約10cmの滅菌状態を保つ。カテーテル先端が周囲に触れて不潔にならないよう注意する。
	・1回ごとにカテーテルを交換することが無理な場合は，滅菌手袋か滅菌された鑷子を使って保管容器内の清潔なカテーテルを取り出し，使用する。
※保管容器内のカテーテルを再利用する場合の通水（必要時） 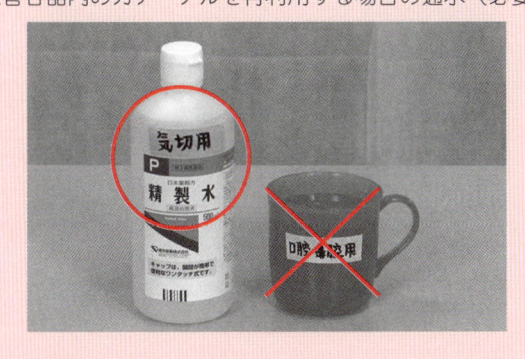	・使用前に通水すると内腔の滑りがよくなるが，滅菌バッグから取り出したばかりのカテーテルを使用する場合は滅菌状態であるから，通水せず，無菌状態を保って使用する。 ・再利用の気管内吸引カテーテルを通水する場合，滅菌精製水や滅菌水を使用し，水道水は使用してはいけない。

手順とことばがけの例	根拠や留意点
	・保管容器から取り出したカテーテルを通水した場合や消毒液の入った保管容器からカテーテルを取り出した場合，そのまま使用するとカテーテルから液が気管の中に垂れてしまう。誤嚥予防のため，気管には絶対水分を入れてはいけない。濡れたカテーテルの外側は，必ずカテーテル先端に向かってしっかり拭いてから気管内に挿入しなければならない。
	・通水した場合，気管は無菌的な部位のため，カテーテルを拭くときはアルコール綿を用いる。ただし，アルコールアレルギーのある人にはノンアルコールの消毒綿を使う。
7. カテーテルと接続管の接続 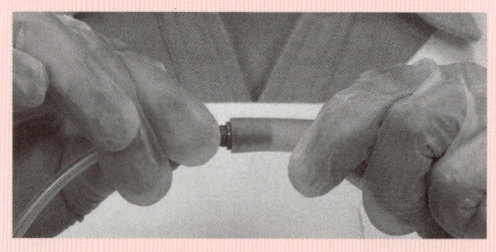	

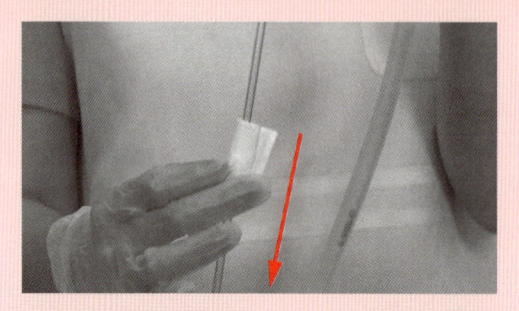

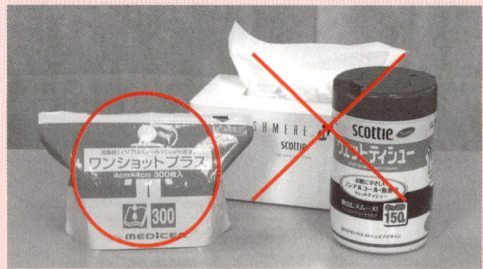

36　たんの吸引の手順

手順とことばがけの例	根拠や留意点
8. 吸引器のスイッチを入れ，カテーテルを塞ぎ，吸引圧を確認 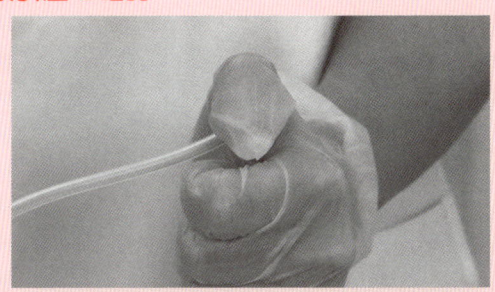  必要時，圧調整つまみを動かして，安全な圧に調整する。	• 気管内の吸引圧は一般的に２０〜２６kPa（約150〜約200mmHg）以下とする。 kPaは，キロパスカルと読む。 mmHgは，ミリメートル水銀柱（ミリメートルエイチジー，ミリメートルマーキュリー）と読む。 • 吸引圧が高すぎると，粘膜損傷のおそれがある。
9. カテーテルの挿入 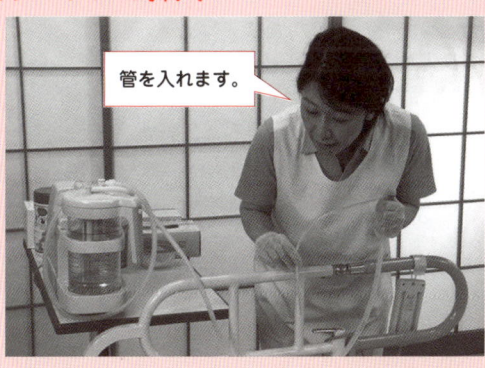	• 吸引を行う前に，必ずことばがけを行う。

たんの吸引の手順

手順とことばがけの例	根拠や留意点
挿入時，利き手でカテーテルの先端に近い側を持ち，利き手ではない方の親指でコネクター部分を塞ぎ，吸引圧をかけずに気管内に挿入する。 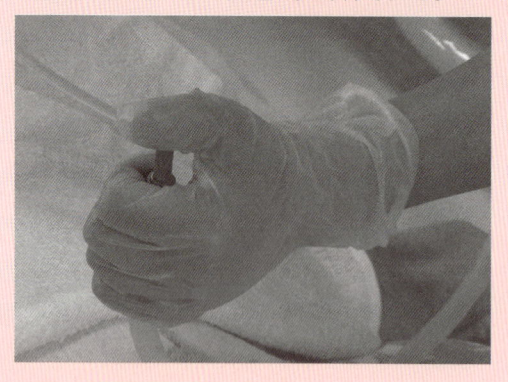 **10. 気管内の吸引** 　カテーテルを塞いでいた指を開放する。 [滅菌手袋装着による吸引] 吸引します。	・吸引圧をかけずに挿入する理由は，速やかにカテーテル先端を吸引したい部位にもっていくためである。ただし，たんなどが気管カニューレ入口まで出てきていれば，カテーテルを開放したまま速やかに圧をかけて吸引してよい。 ※吸引圧をかけた状態で挿入する方法もある。

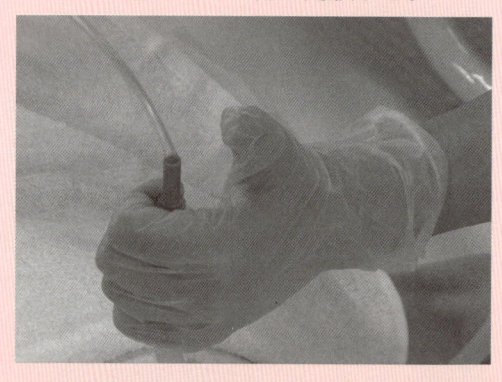

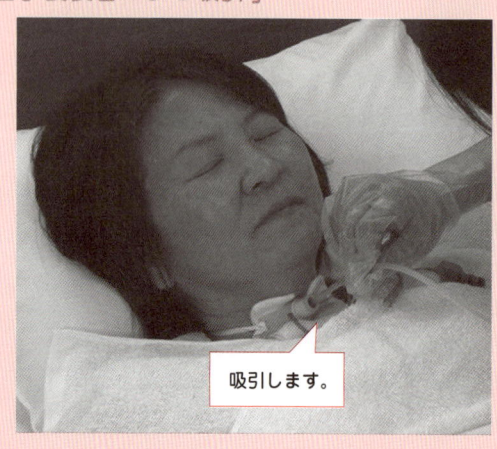

手順とことばがけの例	根拠や留意点

[滅菌の鑷子を使用した吸引]

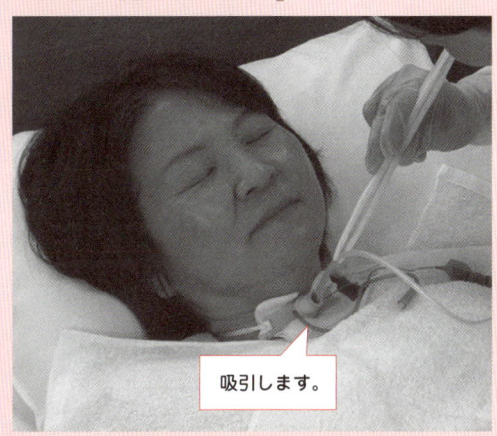

「吸引します。」

1回の吸引時間は，10〜15秒以内とする。
20〜26 kPa（150〜195 mmHg）以下の吸引圧をかけ，たんなどを吸引する。

- 吸引時間が長すぎたり，吸引圧が強すぎると，分泌物とともに酸素を含む空気を吸引し過ぎて低酸素状態を引き起こし，吸引される人は苦しくなってしまう。
パルスオキシメーターをつけていれば，その値も確認する。

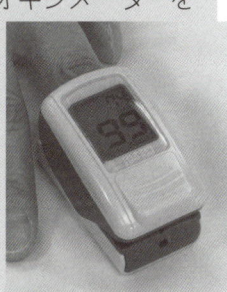

介護者が挿入する長さは，気管カニューレの長さに近い約7〜10 cm以内とする。

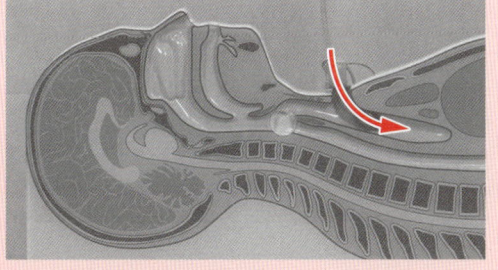

吸引をしながら，たんの性状，呼吸状態などを観察する。

- 挿入し過ぎると，カテーテルが気管の粘膜に接触し，強い咳嗽を誘発させるおそれや，気管支粘膜・分岐部を損傷させ，ひどい場合は出血を起こすことがあるので注意する。

たんの吸引の手順　39

手順とことばがけの例	根拠や留意点
11. カテーテルの抜去 　カテーテルを左右に回転させながら抜去する。 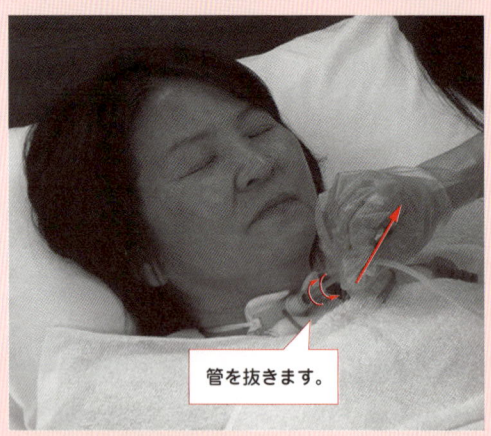 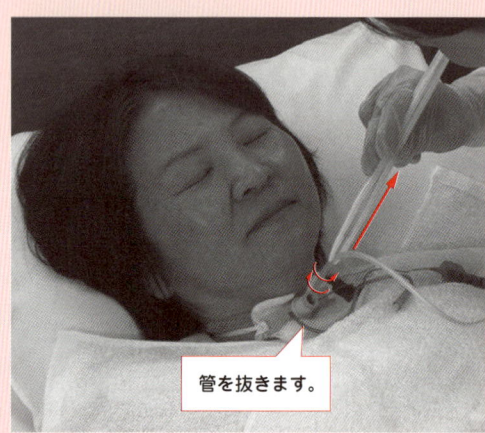 （管を抜きます。） （管を抜きます。）	・回転させながら抜くことで，圧が1点にかからず，粘膜の損傷を防ぐことができる。
12. カテーテルを拭く 　使用したカテーテルの外側についたたんなどの分泌物をアルコール綿で拭き取る。 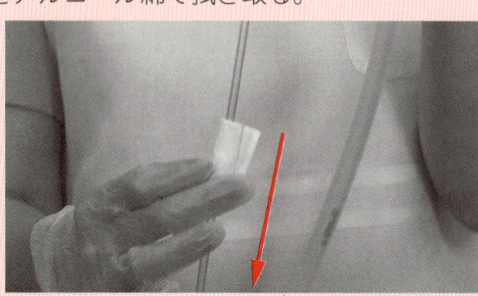	・拭くときは，先端に向かって拭きおろす。汚れている先端側から拭き上げないようにする。

手順とことばがけの例	根拠や留意点
13. カテーテルの内腔洗浄 　カテーテル内腔，接続管に洗浄水の滅菌精製水を通し，たんなどの汚物をすべて排液びんに流す。	・カテーテルの外側を拭かないまま内腔洗浄をすると，容器内の洗浄水が汚れてしまうので，カテーテル外側のたんなどを拭いてから内腔に洗浄水を通す，という順番を守る。
14. 吸引は十分かを確認 （たんが残った感じはしませんか。） 　利用者に唾液やたんなどが気管内に残っていないか，さらに吸引をしなくてよいか，呼吸状態が安定しているかを確認する。	・本人に確認できなければ，介護者が状態を観察し，異常時には医療者に連絡する。 ※呼吸に異常が起きたときの症状：呼吸困難感，喘鳴，顔色不良，呼吸回数の増加または遅延，頻脈，経皮的動脈血酸素飽和度（SpO$_2$）の低下など。 ※経皮的動脈血酸素飽和度の基準値は95％以上である。90％以下は，酸素吸入の適応となる。

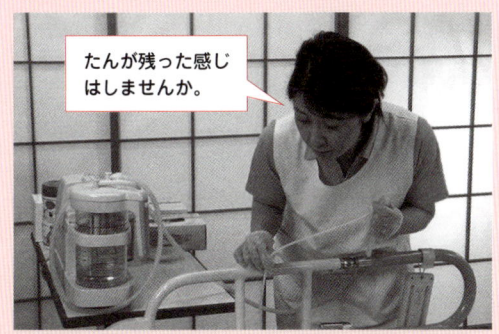

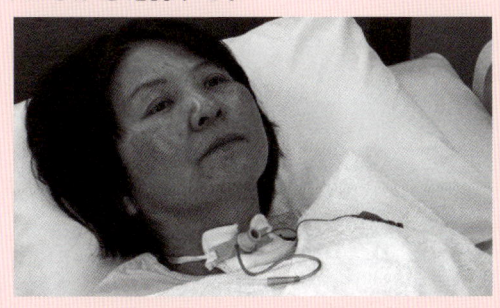

第1章　たんの吸引

たんの吸引の手順

手順とことばがけの例	根拠や留意点
★カフ上部吸引ライン（サイドライン，サイドチューブ）がある気管カニューレの場合は，そこに吸引器の接続管を接続し，気管内のカフ上のたんを吸引する。 [吸引器の接続管を接続して吸引する方法] 　吸引カテーテルを廃棄し，カフ上部吸引ラインと吸引器の接続管を接続。 ※カフ上部吸引ラインについてはp.32参照。	・カフ上部吸引ラインに注射器を接続して吸引する方法もある。 [注射器を接続して吸引する方法] 　カフ上部吸引ラインに注射器を接続。
15. 吸引器のスイッチを切る 　利用者の状態が安定していることを確認したら，吸引器のスイッチを切る。	

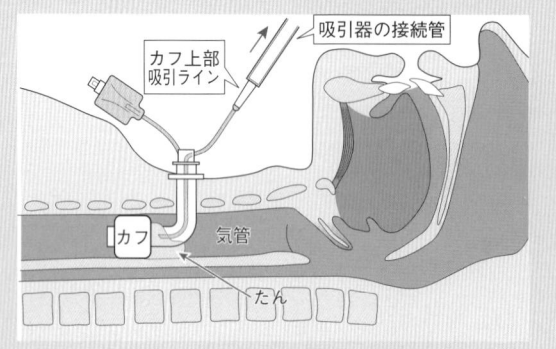

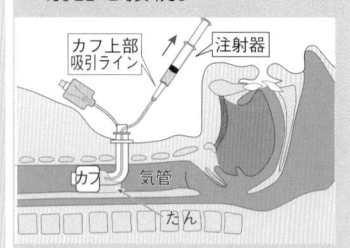

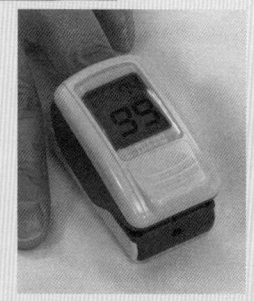

手順とことばがけの例	根拠や留意点

16. 姿勢と体位，寝衣・寝具などを整え，片付ける

利用者の姿勢と体位，寝衣・寝具などを整え，必要物品を片付け，足りないものは補充する。

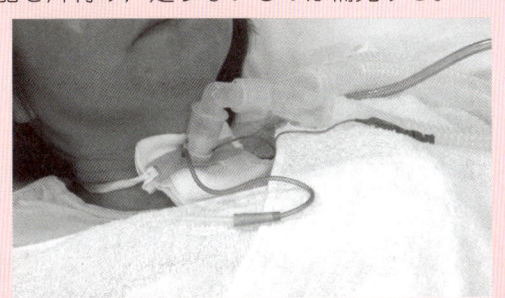

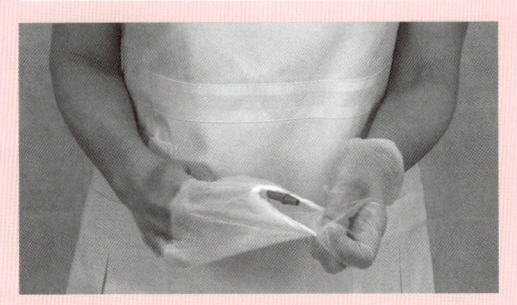

- 排液びんに分泌物が70〜80％たまったらトイレに廃棄し，びんを洗浄し新たに消毒液を入れて吸引器にセットする。

- 手袋とカテーテルを捨てるとき，中表になった手袋内にカテーテルを包み込み，一緒に捨てる方法もある。

4. 人工呼吸器をつけている人の気管切開部からのたんの吸引

　人工呼吸器をつけている人の気管切開部からのたんの吸引を行う場合，人工呼吸器の基本的な構造（図1-3）について知っておく必要がある。

　人工呼吸器とは，室内の空気を取り込み，必要時酸素を加え清浄化したものを加湿器で加湿しながら，蛇管（じゃかん(だかん)）を通して肺に吸入させる。呼気も蛇管を通して一定の方向に廃棄されるしくみになっている。回路内の結露は，吸気の回路の途中で集められ廃棄できるようになっている。

　吸引の手順については，これまで述べてきた手順に準ずるが，人工呼吸器を安全・安楽に取り外し，その後速やかに効率よく吸引し，また安全・安楽に取り付けることが大切である。

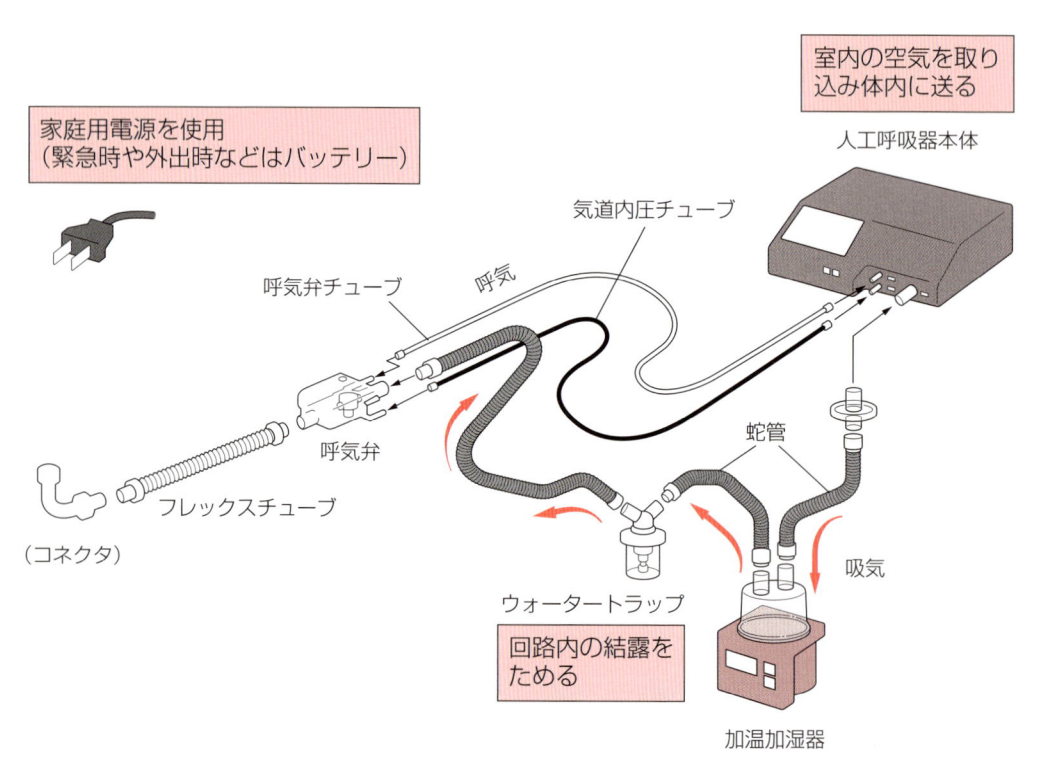

図1-3　人工呼吸器の構造

参考資料：厚生労働省「介護職員等によるたんの吸引等（特定の者対象）研修の指導者マニュアル」，2013, p.59

手順とことばがけの例	根拠や留意点
1. 説明と同意 これから吸引を行うことを説明し，同意を得る。 〔たんの音がするので，吸引の準備をしますね。〕	• 意識障害がある利用者や返答できない利用者にもことばをかけ，人格を尊重した態度で関わる。 • 意識がある利用者であれば，体調や排泄の有無を確認する。
2. 姿勢を整え，誤嚥予防 誤嚥予防のため，枕などで頭を挙上するか，手動または電動ベッドで上半身を挙上する。 〔頭を少し上げます。〕	• 姿勢を変えるときは，説明をしてから行う。
3. 寝衣・寝具の汚染防止 胸元にタオルをかけて，たん・唾液などの分泌物による寝衣や寝具の汚染を防止する。 〔タオルを当てます。〕	

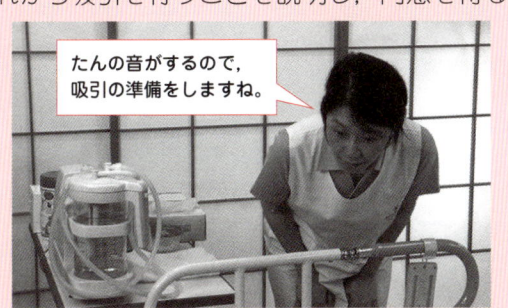

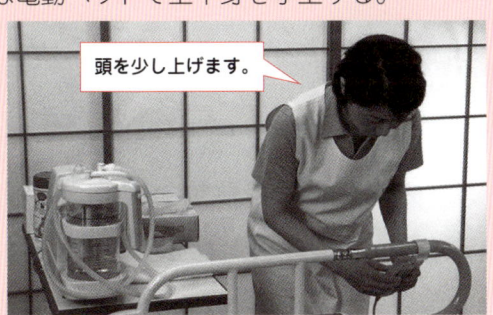

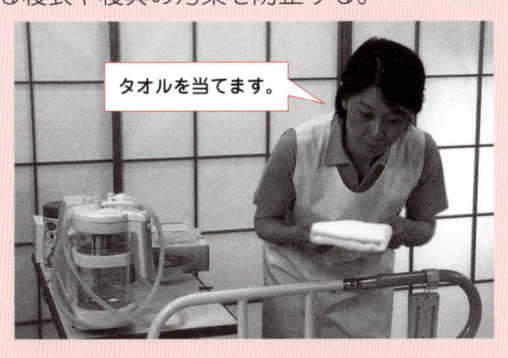

たんの吸引の手順

手順とことばがけの例	根拠や留意点
4. 手指消毒 　介護者は，速乾性の手指消毒薬で手洗いと同様の動作で手指を消毒する。	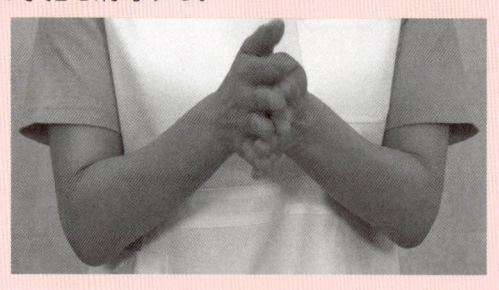
5. 手袋装着	・口腔や鼻腔の吸引時は，未滅菌の清潔な使い捨て手袋でよかったが，気管は本来無菌的な部位であるため，滅菌された使い捨ての手袋を着用する。
6. カテーテルの取り出し コネクター側から開封	・気管切開部からの吸引用カテーテルは，本来無菌的な部位に挿入するため，原則として，毎回滅菌バッグから新しいカテーテルを取り出して使用することが望ましい。

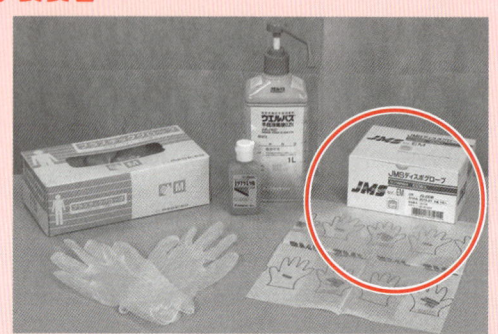

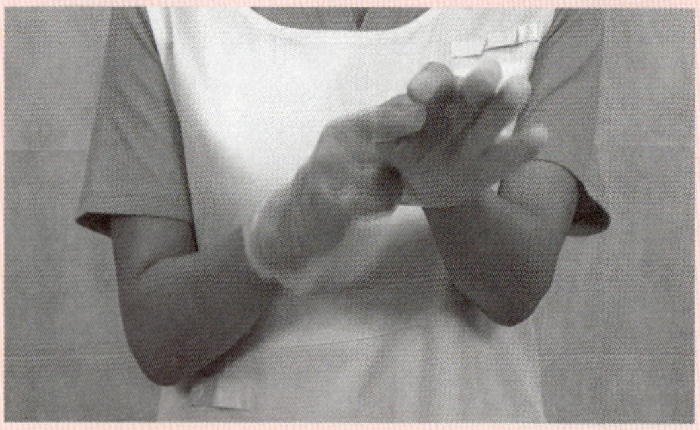

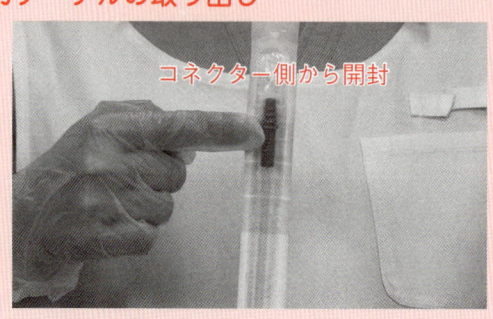

たんの吸引の手順

手順とことばがけの例	根拠や留意点
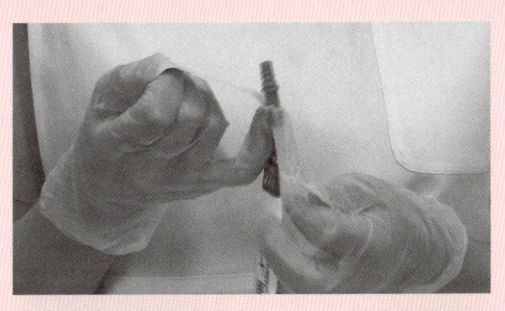 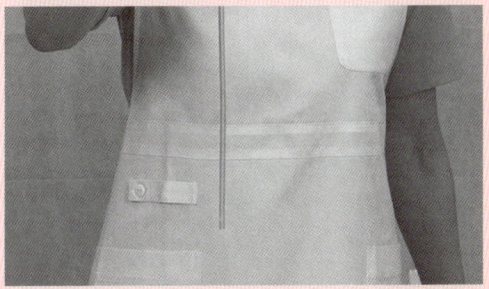	・滅菌バッグから新しいカテーテルを取り出す場合は，コネクター側から開封する。孔のあるカテーテル先端を利用者の気管に入れるので，先端約10cmの滅菌状態を保つ。カテーテル先端が周囲に触れて不潔にならないよう注意する。
 ※保管容器内のカテーテルを再利用する場合の通水（必要時）	・1回ごとにカテーテルを交換することが無理な場合は，滅菌手袋か滅菌された鑷子を使って保管容器内の清潔なカテーテルを取り出し，使用する。
	・使用前に通水すると内腔の滑りがよくなるが，滅菌バッグから取り出したばかりのカテーテルを使用する場合は滅菌状態であるから，通水せず，無菌状態を保って使用する。 ・再利用の気管内吸引カテーテルを通水する場合，滅菌精製水や滅菌水を使用し，水道水は使用してはいけない。

第1章 たんの吸引

たんの吸引の手順

手順とことばがけの例	根拠や留意点
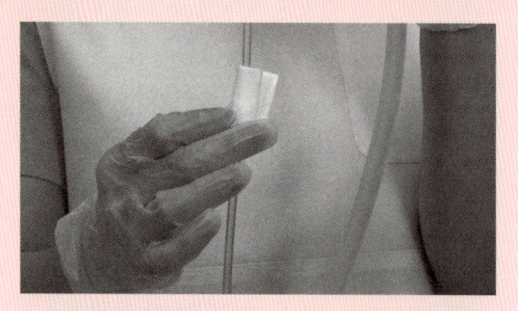 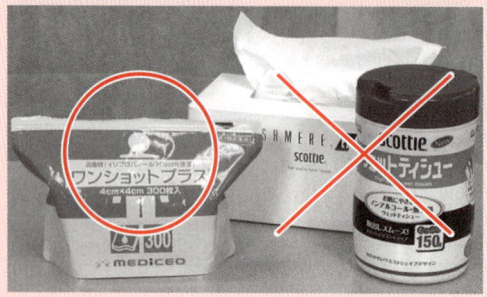	・保管容器から取り出したカテーテルを通水した場合や消毒液の入った保管容器からカテーテルを取り出した場合，そのまま使用するとカテーテルから液が気管の中に垂れてしまう。誤嚥(えん)予防のため気管には絶対水分を入れてはいけない。濡れたカテーテルの外側は必ずカテーテル先に向かってしっかり拭いてから気管内に挿入しなければならない。 ・通水した場合，気管は無菌的な部位のため，カテーテルを拭くときはアルコール綿を用いる。ただし，アルコールアレルギーのある人にはノンアルコールの消毒綿を使う。
7. カテーテルと接続管の接続 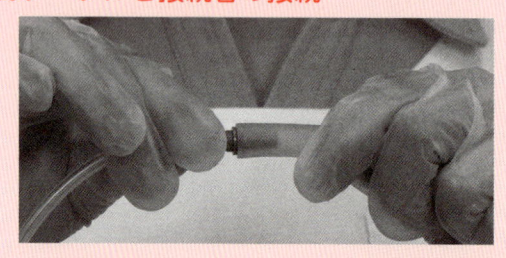	

48　たんの吸引の手順

手順とことばがけの例	根拠や留意点

8. 吸引器のスイッチを入れ，カテーテルを塞ぎ，吸引圧を確認

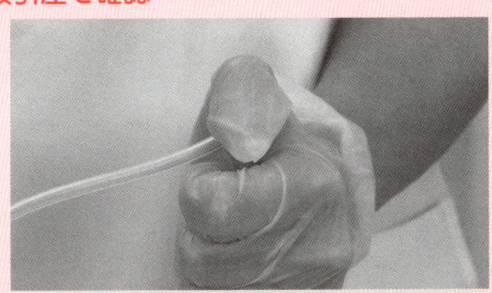

必要時，圧調整つまみを動かして，安全な圧に調整する。
カテーテル先端が不潔にならないように先端を滅菌バッグに入れたまま，あるいは先端を保管容器に入れたままにしてすぐに吸引ができる準備をしておく。
★カニューレから人工呼吸器を取り外す。
片手で気管カニューレが抜けないように固定し，もう一方の手で人工呼吸器を外す。外した人工呼吸器の接続部は，不潔にならないようにして所定の場所に置く。

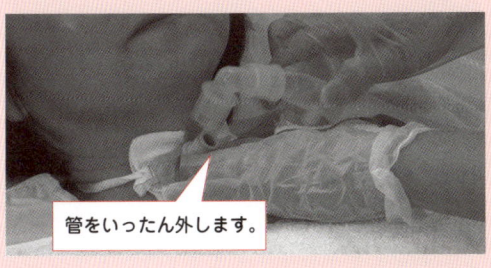

管をいったん外します。

- 気管内の吸引圧は一般的に 20〜26 kPa（150〜195 mmHg）以下とする。
  kPa は，キロパスカルと読む。
  mmHg は，ミリメートル水銀柱（ミリメートルエイチジー，ミリメートルマーキュリー）と読む。
- 吸引圧が高すぎると，粘膜損傷のおそれがある。

- すぐに吸引できる準備をしてから，人工呼吸器を取り外す。スイッチは切らない。
- 利き手ではない手にカテーテルを持ちながら，利き手で人工呼吸器を外す方法もある。
- 気管切開部に負担をかけないようにやさしく外す。
- 外した人工呼吸器の接続部は清潔なタオルやガーゼの上に置くなど清潔な状態を保つように工夫する。

第1章 たんの吸引

たんの吸引の手順

手順とことばがけの例	根拠や留意点
9. カテーテルの挿入 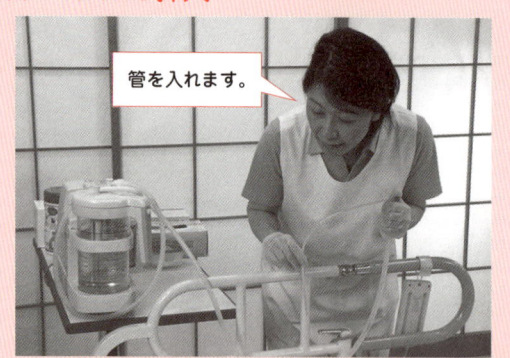 「管を入れます。」 挿入時，利き手でカテーテルの先端に近い側を持ち，利き手ではない方の親指でコネクター部分を塞ぎ，吸引圧をかけずに気管内に挿入する。 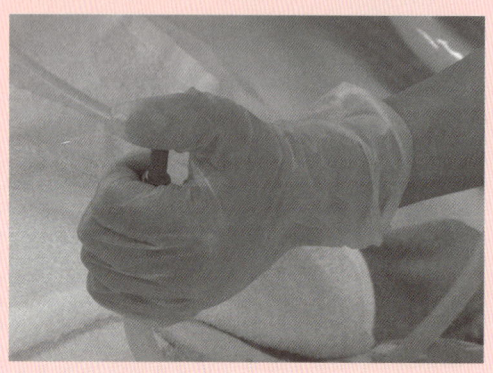	・吸引を行う前に必ずことばがけを行う。 ・吸引圧をかけずに挿入する理由は，速やかにカテーテル先端を吸引したい部位にもっていくためである。ただし，たんなどが気管カニューレ入口まで出てきていれば，カテーテルを開放したまま速やかに圧をかけて吸引してよい。
10. 気管内の吸引 カテーテルを塞いでいた指を開放する。 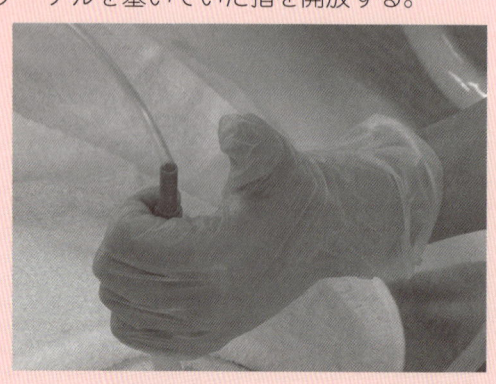	・利用者は酸素供給が止まっている状態であるため，速やかに吸引する。

| 手順とことばがけの例 | 根拠や留意点 |

[滅菌手袋装着による吸引]

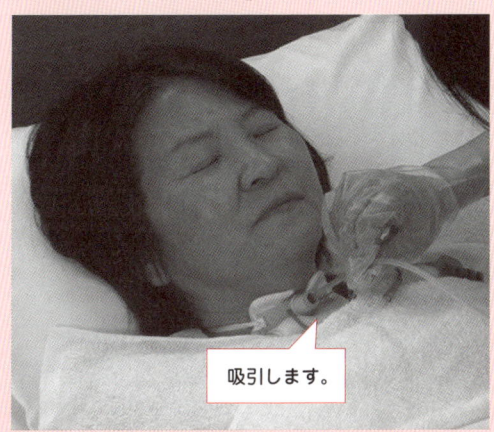

吸引します。

[滅菌の鑷子を使用した吸引]

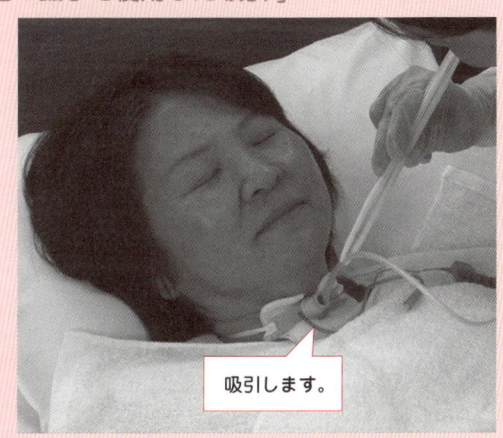

吸引します。

1回の吸引時間は，10〜15秒以内とする。
20〜26 kPa（150〜195 mmHg）以下の吸引圧をかけ，たんなどを吸引する。

- 吸引時間が長すぎたり，吸引圧が強すぎると，分泌物とともに酸素を含む空気を吸引し過ぎて低酸素状態を引き起こし，吸引される人は苦しくなってしまう。
パルスオキシメーターをつけていれば，その値も確認する。

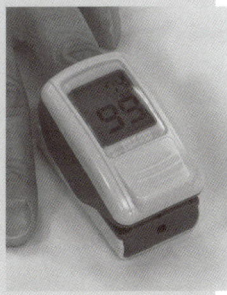

手順とことばがけの例	根拠や留意点
介護者が挿入する長さは，気管カニューレの長さに近い約7〜10 cm以内とする。 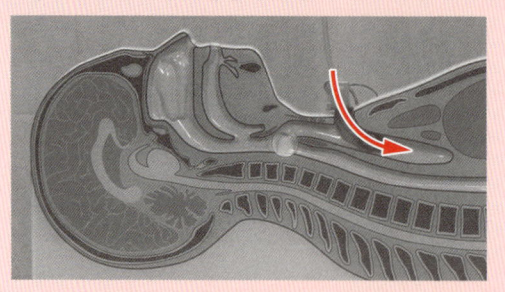 吸引をしながら，たんの性状，呼吸状態などを観察する。	・挿入し過ぎると，カテーテルが気管の粘膜に接触し，強い咳嗽を誘発させるおそれや，気管支粘膜分岐部を損傷させ，ひどい場合は出血を起こすことがあるので注意する。
11．カテーテルの抜去 カテーテルを左右に回転させながら抜去する。 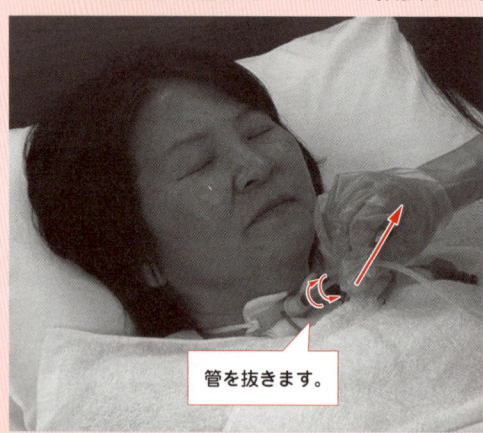 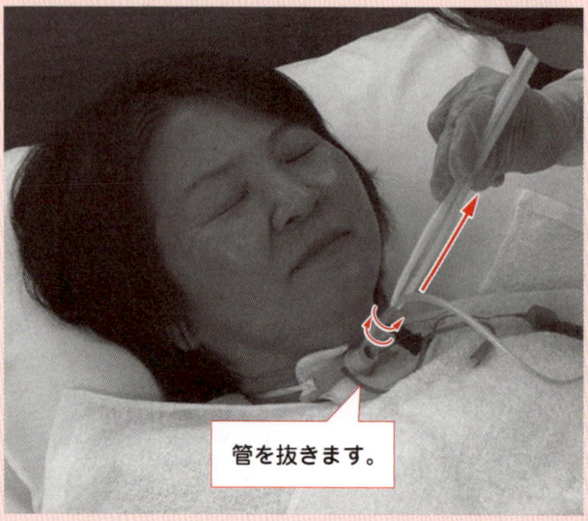 管を抜きます。 管を抜きます。	・回転させながら抜くことで，圧が1点にかからず，粘膜の損傷を防ぐことができる。

手順とことばがけの例	根拠や留意点
★カニューレに人工呼吸器を取り付ける。 吸引が終わったら，利き手ではない側の手で吸引カテーテルのコネクター部分を持ったまま，速やかに利き手で人工呼吸器を取り付ける。	・人工呼吸器の回路に水滴があれば振り切り，気管カニューレ内に水滴が垂れないように気をつける。 ・気管切開部に負担をかけないようにやさしく取り付ける。
12. カテーテルを拭く 使用したカテーテルの外側についたたんなどの分泌物をアルコール綿で拭き取る。	・拭くときは，先端に向かって拭きおろす。汚れている先端側から拭き上げないようにする。
13. カテーテルの内腔洗浄 カテーテル内腔，接続管に洗浄水の滅菌精製水を通し，たんなどの汚物をすべて排液びんに流す。	・カテーテルの外側を拭かないまま内腔洗浄をすると，容器内の洗浄水が汚れてしまうので，カテーテル外側のたんなどを拭いてから内腔に洗浄水を通す，という順番を守る。

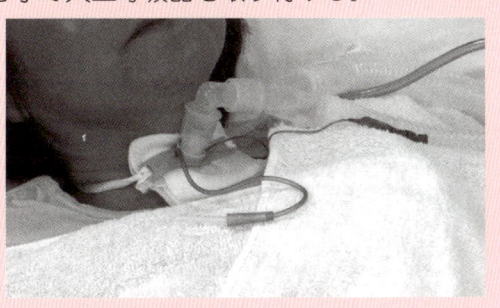

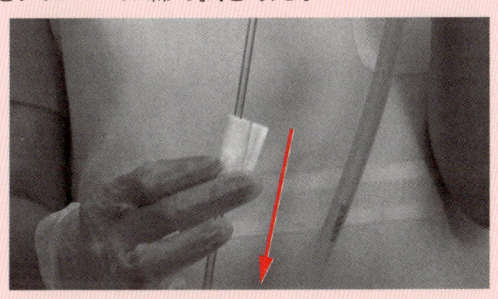

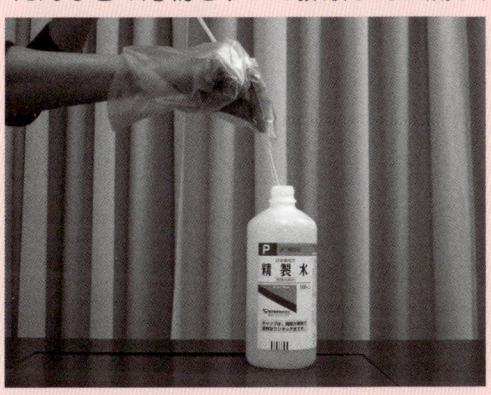

第1章 たんの吸引

たんの吸引の手順

手順とことばがけの例	根拠や留意点

14. 吸引は十分かを確認

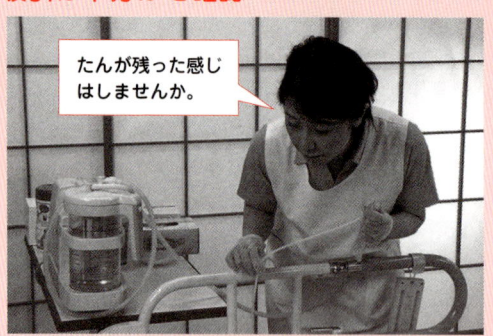

たんが残った感じはしませんか。

利用者に唾液やたんなどが気管内に残っていないか，さらに吸引をしなくてよいか，呼吸状態が安定しているかを確認する。

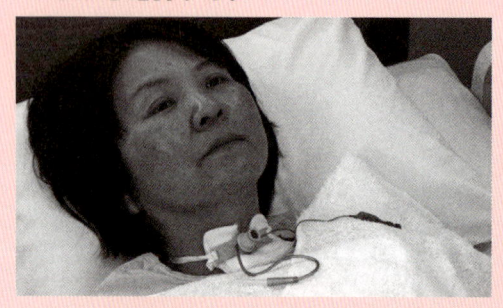

★カフ上部吸引ライン（サイドライン，サイドチューブ）がある気管カニューレの場合は，そこに吸引器の接続管を接続し，気管内のカフ上のたんを吸引する。

[吸引器の接続管を接続して吸引する方法]
吸引カテーテルを廃棄し，カフ上部吸引ラインと吸引器の接続管を接続。

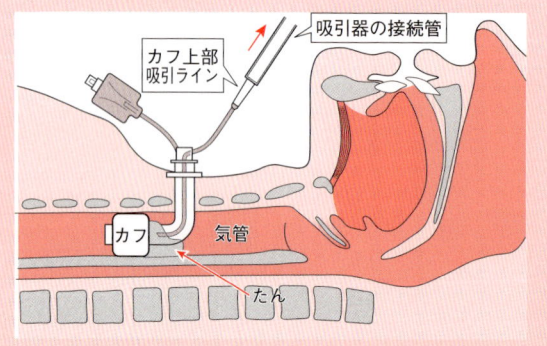

吸引器の接続管　カフ上部吸引ライン　カフ　気管　たん

※カフ上部吸引ラインについては，p.32 参照。

- 本人に確認できなければ，介護者が状態を観察し，異常時には医療者に連絡する。
- ※呼吸に異常が起きたときの症状：呼吸困難感，喘鳴，顔色不良，呼吸回数の増加または遅延，頻脈，経皮的動脈血酸素飽和度（SpO_2）の低下など。
- ※経皮的動脈血酸素飽和度の基準値は95％以上である。90％以下は，酸素吸入の適応となる。

[注射器を接続して吸引する方法]
カフ上部吸引ラインに注射器を接続。

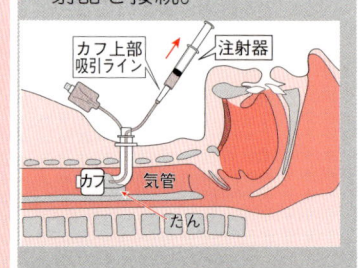

カフ上部吸引ライン　注射器　カフ　気管　たん

たんの吸引の手順

手順とことばがけの例	根拠や留意点
15. 吸引器のスイッチを切る 　利用者の状態が安定していることを確認したら，吸引器のスイッチを切る。	
16. 姿勢と体位，寝衣・寝具などを整え，片付ける 　利用者の姿勢と体位，寝衣・寝具などを整え，必要物品を片付け，足りないものは補充する。	・排液びんに分泌物が70〜80％たまったらトイレに廃棄し，びんを洗浄し新たに消毒液を入れて吸引器にセットする。 ・手袋とカテーテルを捨てるとき，中表になった手袋内にカテーテルを包み込み，一緒に捨てる方法もある。

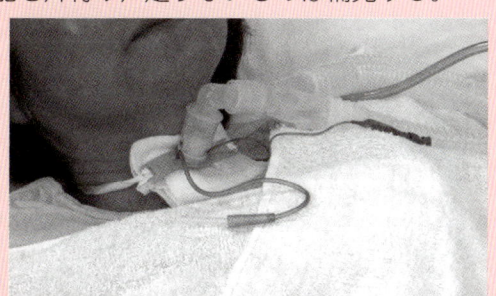

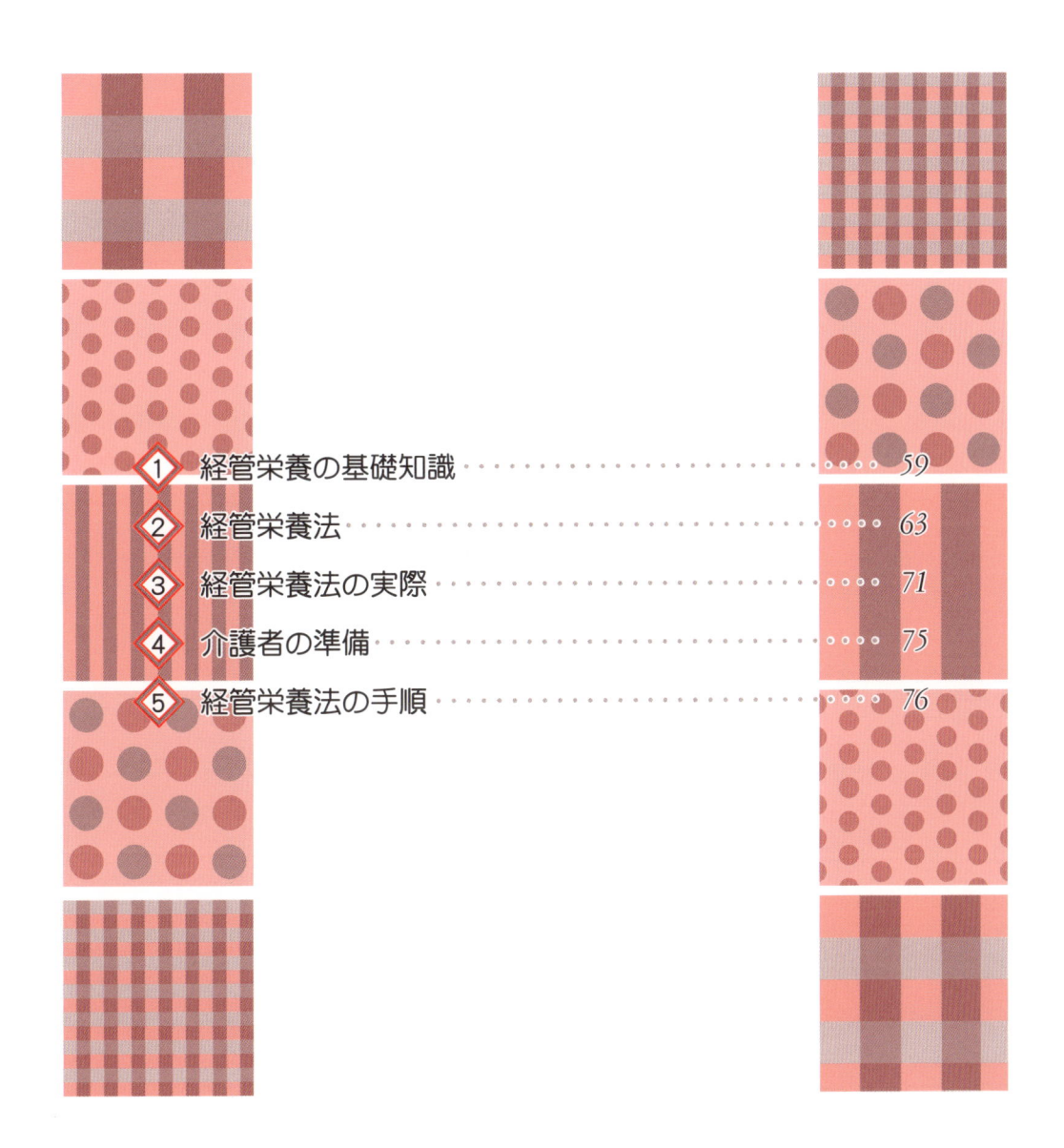

第2章 経管栄養

1. 経管栄養の基礎知識 ･････････････････ 59
2. 経管栄養法 ･････････････････････････ 63
3. 経管栄養法の実際 ･･･････････････････ 71
4. 介護者の準備 ･･･････････････････････ 75
5. 経管栄養法の手順 ･･･････････････････ 76

第2章 経管栄養

　食事を口から食べることは自然な行為であり，人は，食物を摂取し，それを消化し吸収することでエネルギー源にして生命を維持しています。経口摂取は，消化器本来の機能が維持されるだけではなく，脳神経系や循環器系，呼吸器系，免疫系統など全身状態にもよい影響を与えています。そのため，可能ならできるだけ口から摂取することが大切になります。

　しかし，意識障害，嚥下障害，誤嚥性肺炎を繰り返すなどの理由から経口摂取が困難な場合や栄養が不十分な状態が長期間続くようであれば，経口摂取以外の方法で水分や栄養を補給する必要があります。その主な方法として，経管栄養（経鼻胃管，胃ろう，腸ろう）と経静脈栄養（末梢静脈栄養，中心静脈栄養）があります（図2-1）。ここでは，経管栄養について説明していきます。

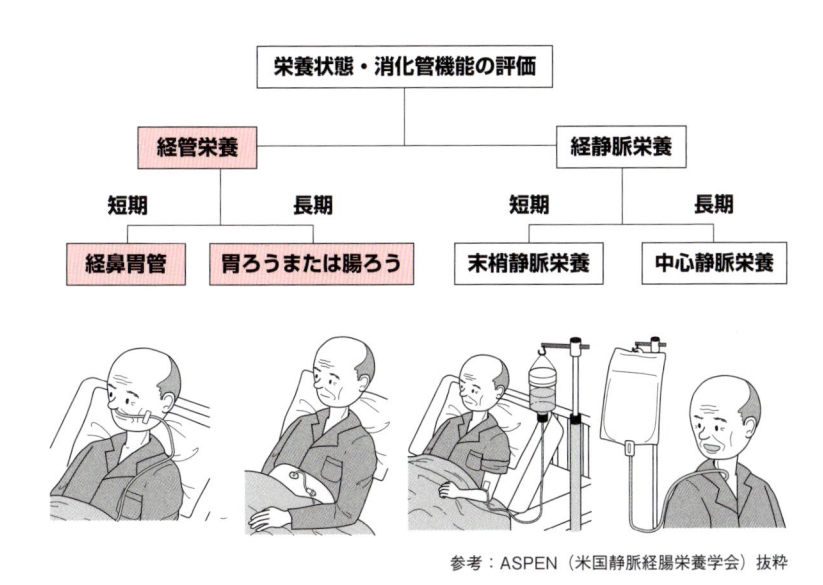

参考：ASPEN（米国静脈経腸栄養学会）抜粋

図2-1　栄養補給経路の選択

1　経管栄養の基礎知識

1. 食物の消化・吸収・排泄

　消化器は，食物の通過，消化，吸収，排泄を助ける器官のことです。食物は口から入り，咽頭，食道，胃，腸と移動する過程で，それぞれの部位ごとに付属器官としての肝臓・胆のう・膵臓などの働きも得ながら消化酵素や腸液の作用を受けて，体内に吸収されやすくするまで小さくなり，栄養素に分解されて消化とい

う過程をたどります。栄養素には，三大栄養素（タンパク質，糖質，脂質），無機質，ビタミンなどがあります。そして，小さく消化された栄養素などが，体内に取り込まれて吸収され，その後に残った不要物は便として肛門から体外に排出されます。

　また，消化吸収に関わっている腸は，食物と一緒に取り込まれる病原細菌や毒素が生体内に侵入して腸管の粘膜上皮に入ってくると，異物と認識されて抗体を産出し，生体を防御する腸管免疫系という免疫機能の働きももっています。この機能が障害されると，細菌が他の臓器に侵入し感染症を引き起こしたり，活動力や筋力の低下，床ずれができやすくなるなどの症状が起こります。それだけ人にとって腸管から消化吸収を行うことは大切になります。

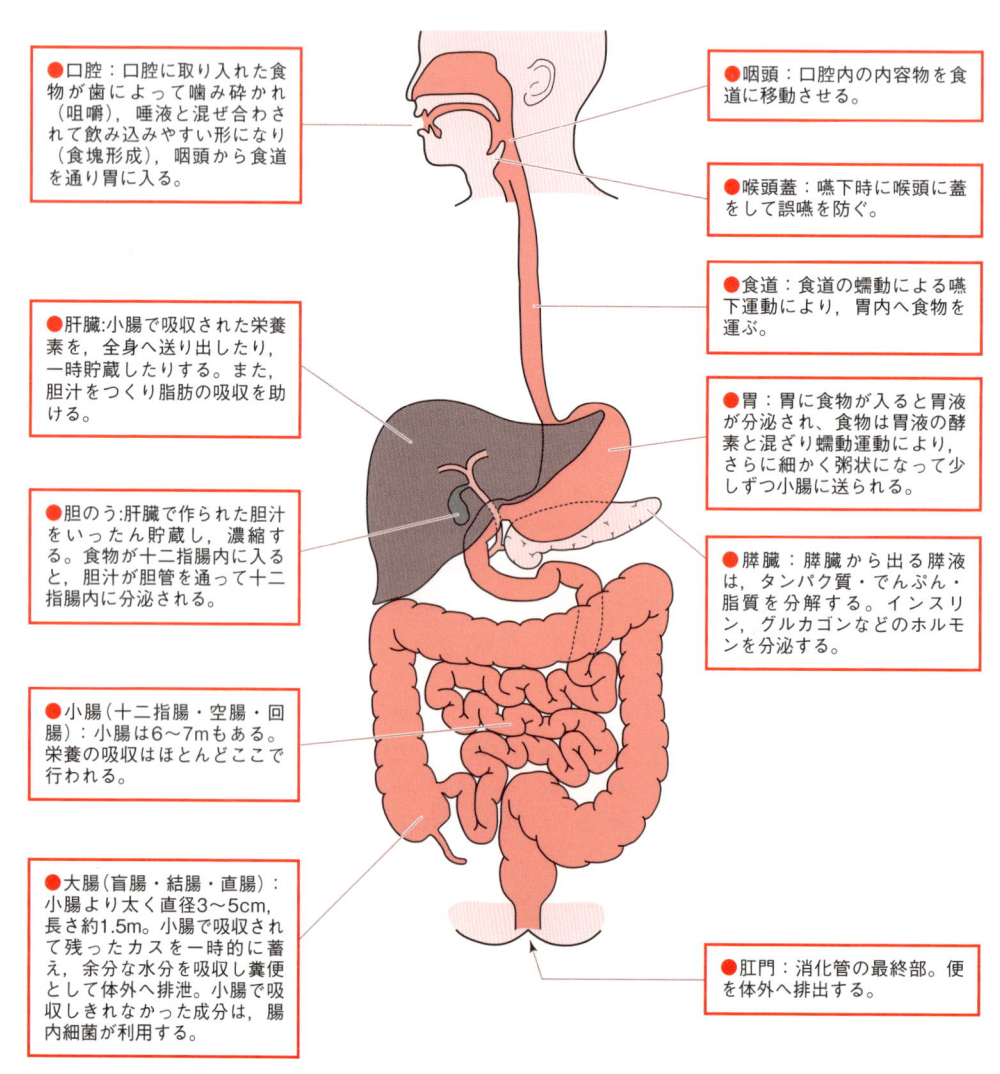

- ●口腔：口腔に取り入れた食物が歯によって噛み砕かれ（咀嚼），唾液と混ぜ合わされて飲み込みやすい形になり（食塊形成），咽頭から食道を通り胃に入る。
- ●肝臓：小腸で吸収された栄養素を，全身へ送り出したり，一時貯蔵したりする。また，胆汁をつくり脂肪の吸収を助ける。
- ●胆のう：肝臓で作られた胆汁をいったん貯蔵し，濃縮する。食物が十二指腸内に入ると，胆汁が胆管を通って十二指腸内に分泌される。
- ●小腸（十二指腸・空腸・回腸）：小腸は6～7mもある。栄養の吸収はほとんどここで行われる。
- ●大腸（盲腸・結腸・直腸）：小腸より太く直径3～5cm，長さ約1.5m。小腸で吸収されて残ったカスを一時的に蓄え，余分な水分を吸収し糞便として体外へ排泄。小腸で吸収しきれなかった成分は，腸内細菌が利用する。
- ●咽頭：口腔内の内容物を食道に移動させる。
- ●喉頭蓋：嚥下時に喉頭に蓋をして誤嚥を防ぐ。
- ●食道：食道の蠕動による嚥下運動により，胃内へ食物を運ぶ。
- ●胃：胃に食物が入ると胃液が分泌され，食物は胃液の酵素と混ざり蠕動運動により，さらに細かく粥状になって少しずつ小腸に送られる。
- ●膵臓：膵臓から出る膵液は，タンパク質・でんぷん・脂質を分解する。インスリン，グルカゴンなどのホルモンを分泌する。
- ●肛門：消化管の最終部。便を体外へ排出する。

図2-2　消化器官とその役割

2. 嚥下のしくみ

　嚥下とは，口から入った飲食物が，口腔，咽頭，食道を経て胃にたどり着くまでの過程をさします（**図2-3**）。健康な人の場合，嚥下時には喉頭蓋が喉頭に蓋をして嚥下した飲み物や食べ物，薬，唾液などが気管に入ることを防ぎ，食道にスムーズに入るような働きをします。

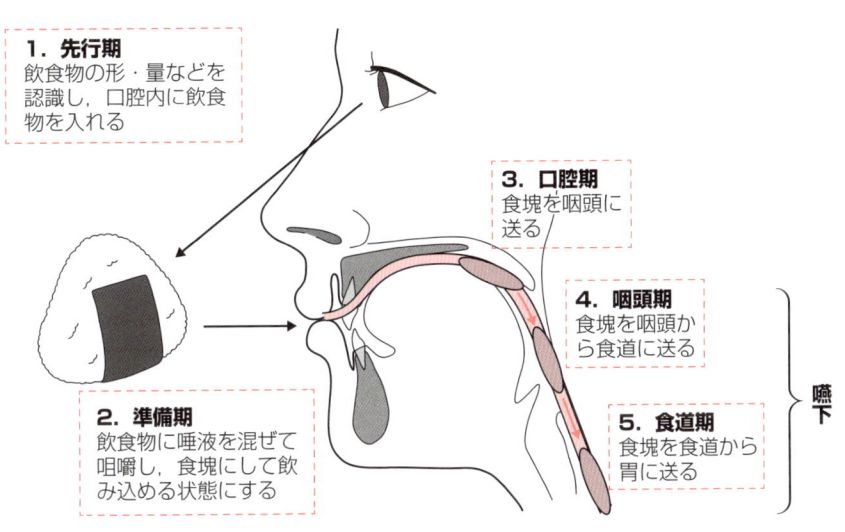

1．先行期
飲食物の形・量などを認識し，口腔内に飲食物を入れる

2．準備期
飲食物に唾液を混ぜて咀嚼し，食塊にして飲み込める状態にする

3．口腔期
食塊を咽頭に送る

4．咽頭期
食塊を咽頭から食道に送る

5．食道期
食塊を食道から胃に送る

嚥下

図2-3　摂食・嚥下の過程

①虫歯・歯の欠損，唾液分泌低下，顔面・口腔・舌の筋力低下➡口腔内での咀嚼力低下➡食塊になりにくい

②反回神経の損傷・機能低下や加齢に伴う咽頭・喉頭・喉頭蓋の筋力・運動機能の低下➡飲食物が気管に入りやすい

③食道の筋力低下➡胃内への飲食物の流れがスムーズでない

④胃の噴門部の括約筋の機能低下➡胃の内容が食道側に逆流しやすい

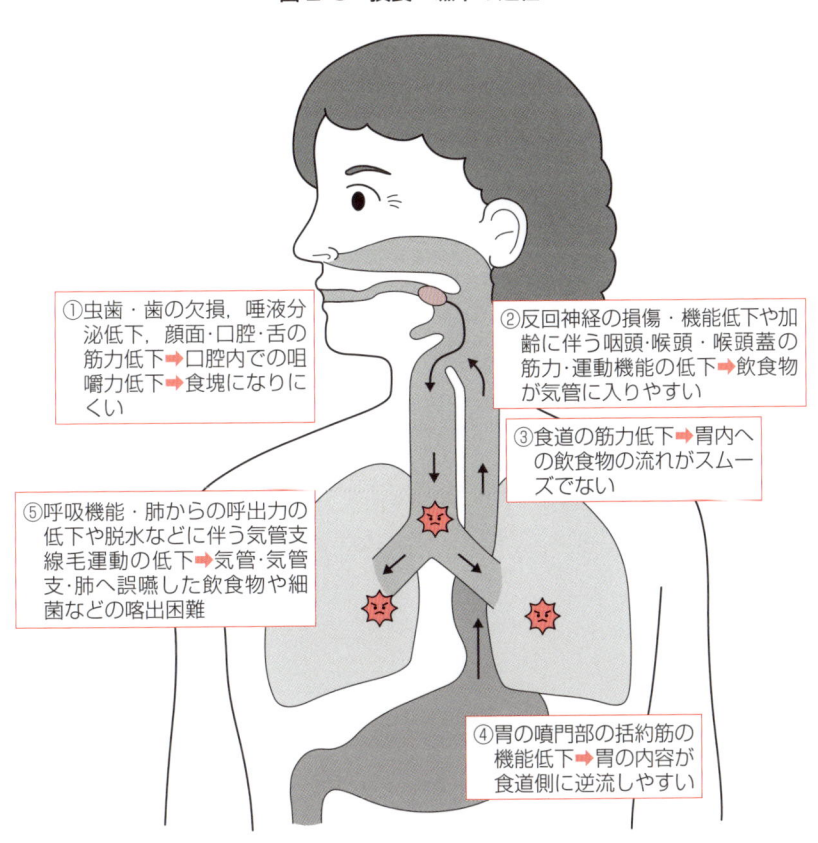

⑤呼吸機能・肺からの呼出力の低下や脱水などに伴う気管支線毛運動の低下➡気管・気管支・肺へ誤嚥した飲食物や細菌などの喀出困難

図2-4　誤嚥の原因

経管栄養の基礎知識

嚥下障害・誤嚥の原因には，腫瘍などによる咽頭・喉頭の狭窄や炎症，反回神経の損傷・機能低下や加齢に伴う咽頭・喉頭・喉頭蓋の筋力・運動機能の低下，脳血管疾患，末梢神経や筋肉の疾患や認知症などの器質的・機能的障害があります。

　また，胃の噴門部の括約筋の機能低下により胃の内容物が食道に逆流しやすい場合などは，誤嚥の危険性が高まります。誤嚥とは，本来食道に入るべき飲食物などが気道に入ることをいいます。誤嚥したものが気道，肺に入り込むと，そこで細菌が増殖して誤嚥性肺炎を起こしてしまいます。また，誤嚥したときに普通はむせたり咳き込んだりするのですが，そのような反射がみられない不顕性誤嚥もあるため，注意が必要です。

② 経管栄養法

経管栄養法には，管の挿入経路によって「経鼻胃管栄養法」と「胃ろう・腸ろうによる栄養法」があります。

適応は，
①嚥下障害，摂食障害（脳血管障害や認知症，神経筋疾患，頭部・顔面外傷など）
②誤嚥性肺炎を繰り返す場合
③クローン病などの腸炎
などです。

1．経鼻胃管栄養法

経鼻胃管栄養法とは，経鼻経管栄養チューブを鼻孔から咽頭部，食道を経て，先端を胃部まで到達させ，その管から栄養剤を注入する方法です。前述した適応の人，また，胃を部分切除した人や重症心身障害児などの小児で胃ろうの造設が困難である人などにこの方法が行われます。

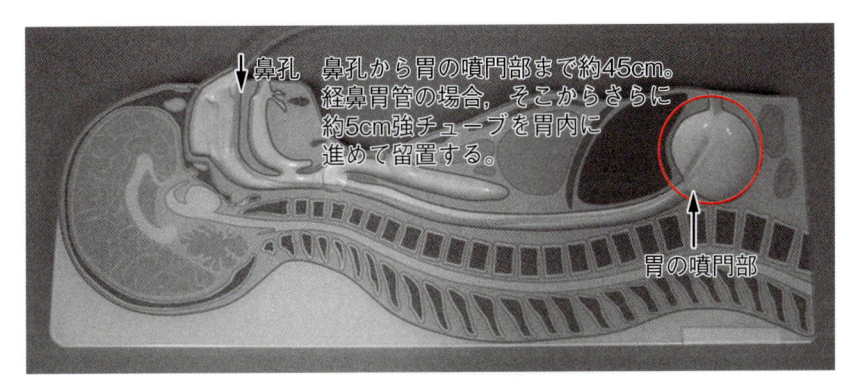

図2-5　経鼻胃管挿入経路の断面図

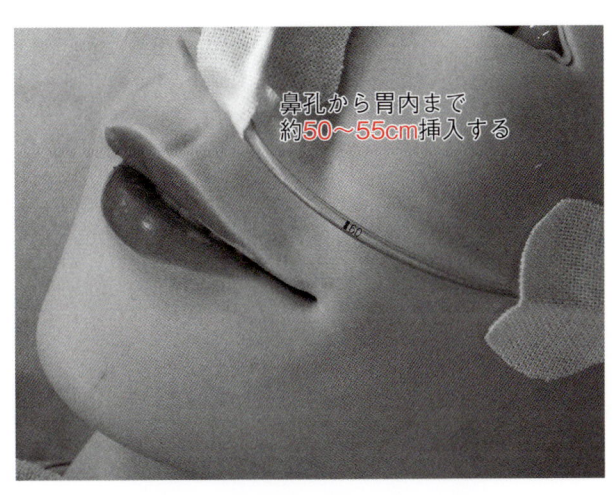

図2-6　経鼻胃管の固定と挿入の長さ

経鼻胃管栄養法で使用されるチューブには，30〜40 cm または 45 cm から 10 cm ごとに長さを示す数字かラインが描かれており，挿入の長さが確認できるようになっています。一般成人の場合，鼻腔から胃内の噴門部まで約 45 cm なので，経鼻胃管栄養を行う場合は，45 cm 入れたところからさらに胃内にチューブを進め，鼻孔から約 50〜55 cm 入れて抜けないように絆創膏で顔に固定します。

鼻を通して先端を胃に留置するチューブを経鼻胃管（nasogastric tube）といいますが，鼻腔から小腸内までチューブを通し，経腸栄養を行うチューブは成分栄養チューブ（ED チューブ：elemental diet tube）といいます。

2. 胃ろう栄養法

胃ろう栄養法とは，経皮内視鏡的胃瘻造設術（PEG：Percutaneous Endoscopic Gastrostomy）により，栄養剤を注入する方法をいいます。PEG は，胃内視鏡を挿入し，腹部に局所麻酔をした後，腹壁と胃壁を通す小さな穴（ろう孔）を開けてチューブを留置します。胃ろうは，腹壁から胃体部に穴を開けるため，臍部の左上あたりに造られていることが多いです。在宅や施設などで療養する場合は，胃ろうが主流になっています。なお，PEG の禁忌は，咽頭・食道狭窄などで内視鏡挿入が困難な人などです。

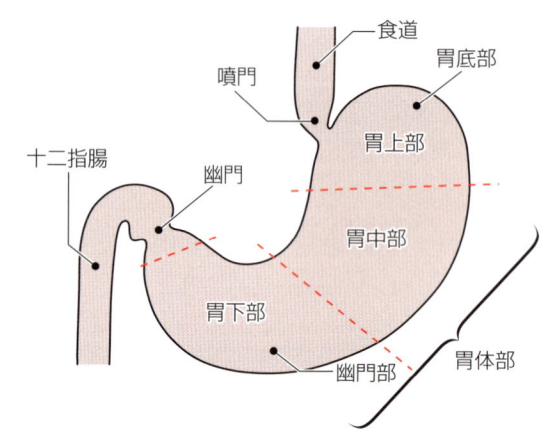

図 2-7　胃の解剖図と胃ろうの部位

経鼻胃管と胃ろう・腸ろうの違いは表 2-1 の通りです。

表 2-1　経鼻胃管と胃ろう・腸ろうの比較

	経鼻胃管	胃ろう・腸ろう
挿入部位	鼻腔から胃までチューブを挿入して栄養を補給する方法	胃ろうは腹部から胃壁にろう孔を作り，腸ろうは腹部と小腸の空腸にろう孔を作って栄養を補給する方法
長所	・チューブの挿入が簡便で看護師にも挿入できる。	・長期栄養管理に適している。 ・自己抜去の危険性が低い。 ・経口摂取が可能。 ・苦痛が少ない。 ・むせや肺炎などの感染の危険性が低い。 ・汚染の危険性が低い。 ・交換頻度が経鼻胃管より少ない。 ・必要がなければ簡単に外せる。 ・外見が気にならない。
短所	・1～2週間ごとに交換が必要。 ・胃の内容物が食道へ逆流すると誤嚥性肺炎のリスクが高まる。 ・抜けやすく，抜けると誤嚥などの重篤な事故につながりやすい。 ・チューブによる違和感や苦痛があり，自己抜去の危険性がある。	・**局所麻酔，胃内視鏡挿入，腹部穿刺などの胃ろう・腸ろう**造設手術が必要 ・カテーテル交換は医師が行う。 ・挿入部位の炎症や出血などの合併症を伴うリスクがある。 ・本人の意思と関係ないところで適応が決定されることが多くなっているなど，終末期医療にかかわる問題を含む。

第2章　経管栄養

経管栄養法　65

胃ろうチューブ（PEG カテーテル）には以下のような種類があります。胃ろうチューブは，体外の固定板と胃内の固定板によって固定されています。体外固定はボタン型とチューブ型があり，胃内固定にはバンパー型とバルン型があります。使用する栄養剤や対象者の状況に応じて選択されます。

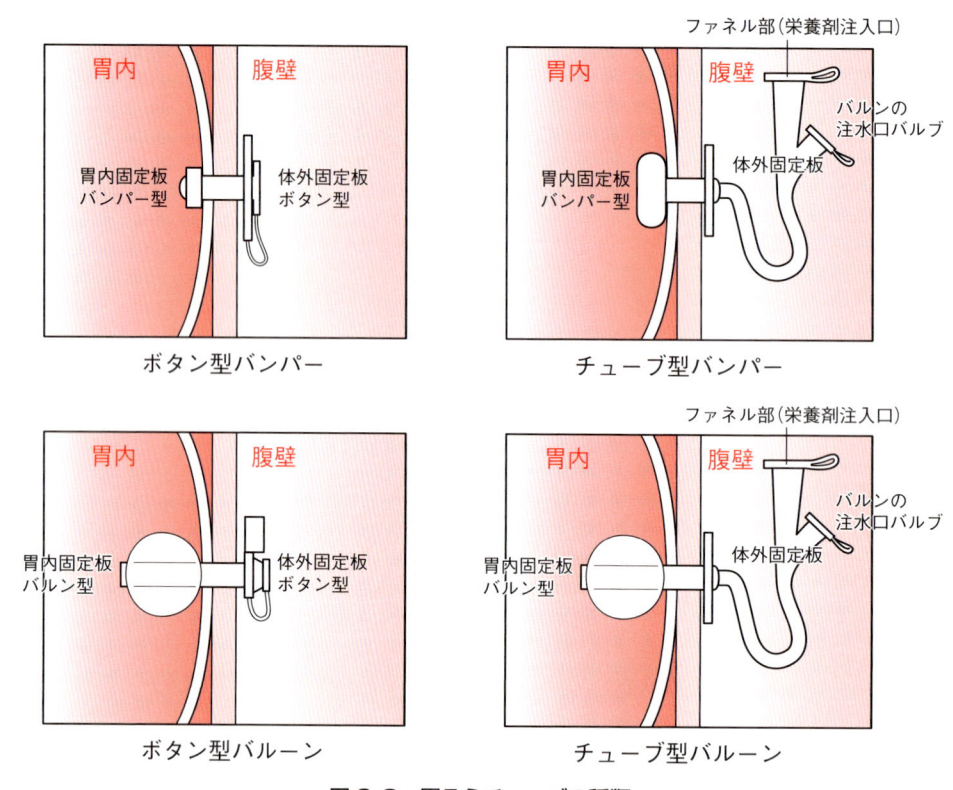

図 2-8　胃ろうチューブの種類

表 2-2　胃内固定板と体外固定板の長所と短所

種類		長所	短所
胃内固定板 胃内に固定されており，胃ろうチューブが体外へ抜けるのを防ぐ	バンパー型	抜けにくい 4〜6 か月挿入可能	痛みや圧迫感を感じやすい
	バルーン型	バルーン内の蒸留水の出し入れで交換が簡単 1〜2 か月挿入可能	バルーンが破裂することがある
体外固定板 体の表面で固定されており，胃腸の蠕動運動で管が胃腸内に移動するのを防ぐ	ボタン型	邪魔になりにくく自己抜去されにくい チューブが短くチューブ内の汚染が少ない 逆流防止弁がついている	ボタンを開閉しづらいことがある
	チューブ型	栄養チューブと接続しやすい	邪魔になりやすく自己抜去されやすい チューブが長くチューブ内が汚染されやすい

3. 腸ろう栄養法

腸ろうとは，胃潰瘍や胃がんなど胃の障害・摘出で胃ろう造設が困難な場合に，腹部から空腸に造られるろう孔のことで，そこにチューブを留置して栄養剤を注入します。

胃ろうより細く長いチューブになるため，閉塞しやすくなります。また，腸は内腔が狭く胃のように流動食をためておけないため，注入速度が早すぎると下痢などを起こします。したがって，自動注入ポンプを用いて，胃ろうよりも栄養剤の注入をゆっくり行う必要があります。

4. 経管栄養法の栄養剤

経管栄養に使われる栄養剤には様々な種類があります。市販されている栄養剤は，家庭で作るミキサー食などより，手間や時間がかからずスムーズに注入でき，消化吸収が容易で栄養バランスがよく，高エネルギーのものが多いです。なお，経管栄養中は，栄養剤の選択や栄養素の種類などに関連して起こる電解質異常（特に Na や Cl），ビタミン・微量元素の欠乏，血糖異常，水分不足による脱水などの代謝性合併症に気をつける必要があります。

表 2-3　経管栄養に使われる栄養剤

分　類		備　考
タンパク質が天然か人工処理か	天然濃厚流動食	天然食品が原料＜例＞オクノス流動食 A・C など
	人工濃厚流動食	以下の3つ（半消化態，消化態，成分）がある
タンパク質の分解程度別	・半消化態栄養剤	高エネルギー・高タンパク＜例＞エンシュアリキッド，エンシュア H，ラコールなど
	・消化態栄養剤	消化吸収が容易＜例＞ツインライン，エンテルードなど
	・成分栄養剤	消化を必要とせずすべての栄養成分が吸収される＜例＞エレンタール，ヘパン ED，アミノレバン EN など
形状別	ミキサー食 液状 半固形 固形 粉末	ミキサー食は，残渣が多いためチューブ閉塞が起こりやすい 半固形の長所：胃食道逆流による誤嚥性肺炎を予防，ろう孔からの逆流によるスキントラブルの予防，下痢の予防・改善
病態別	肝不全用 腎機能低下用 呼吸機能低下用 糖尿病用など	アミノレバン EN，ヘパス II など リーナレン L，レナウェル A など プルモケア，ライフロン QL など DIMS，インスローなど
医薬品か否か	医薬品 食品	医薬品の場合，医師の処方が必要で保険適応がある。

5. 経管栄養法の日常生活支援

(1) 口腔ケア
経口摂取していなくても，歯磨きなどの口腔ケアは必要です。

(2) 嚥下訓練
胃ろう・腸ろうの場合,「もう一度食べたい」という本人や家族の意思を尊重し，嚥下訓練を実施していきます。
＜方法の例＞唾を意識的に飲み込む。口や舌の運動（口や頬を動かす。舌を突き出す。舌を前後上下に動かす。舌を回転させる。ことばを発する。スプーンなどで舌を押さえるなど）。飴やするめを噛む。ゆっくり食事をする。頭部を前屈して摂取する。嚥下したら意識的に適宜咳を行い，誤嚥を防ぐなど。

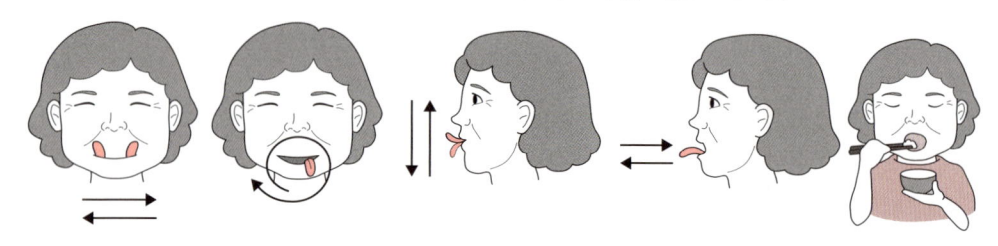

(3) 皮膚の観察，必要時の処置
経鼻経管の場合は，鼻孔や頬部の発赤，胃ろう・腸ろうの場合は，ろう孔部周囲の発赤や湿潤などの炎症所見を観察します。特にボタン型の場合は，固定板を回したり上下に動かして，毎日同じ場所に当たらないようにします。湿潤や発赤などの炎症がなければ処置は不要です。

(4) ろう孔管理
経鼻経管や胃ろう・腸ろう栄養法を行っている人でも，医師の許可があれば，そのまま入浴して問題ありません。ろう孔が十分に完成していない場合やろう孔部に発赤などがあればフィルムなどで保護します。入浴が無理な場合は，ろう孔の周囲を石けんとガーゼでやさしく洗い流し，拭きます。

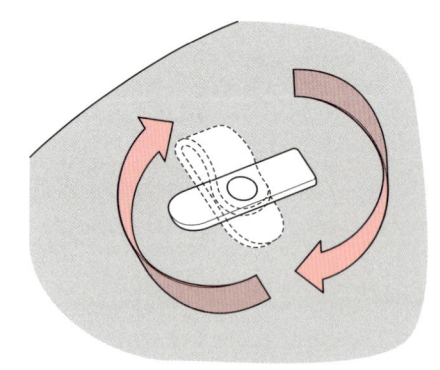

6. 経管栄養を受けている人の主な合併症とその対策

経管栄養を受けている人に発生しうる主な合併症とその対策について知っておく必要があります。また，日常生活の中で異常の早期発見ができるよう「いつもと違う」という変化を見抜く力を身につけておくことが大切です。必要時，家族や医療者とすぐに連絡がとれる準備をしておき，日ごろから連携をとっておきま

しょう。

表2-4 経管栄養法を行っている人の合併症とその対策

	合併症	原因	対策
消化器症状	1. 悪心・嘔吐	幽門狭窄・胃腸の蠕動運動の低下による胃部膨満 胃潰瘍 吸引などによる咽頭の刺激	①栄養剤の注入を中止 ②上半身は挙上したままにするか, 臥床していれば顔を横に向けて口腔内の吐物を吐き出させる ③胃管が入っていれば, 胃内要物を吸引して胃内を減圧する ④医療者に連絡して, 投与量や注入速度, 薬物治療の必要性などを相談する
	2. 下痢	腸粘膜の萎縮, 過敏性腸症候群 栄養剤の過剰・急速投与, 冷たい栄養剤の投与, 栄養剤の汚染や器具の洗浄不足による細菌汚染, 浸透圧の高い栄養剤	①病歴, 栄養歴, 薬物療法の内容などを確認する ②栄養剤の注入を中止または, 速度を遅くする ③冷所保存の栄養剤は室温に戻してから投与する ④手洗い, 器具の消毒を徹底する ⑤医療者の指示により栄養剤の種類を変更
	3. 腹痛, 腹部膨満	腸蠕動の低下または亢進	注入速度を確認し, 速度を遅くする
	4. 便秘	腸蠕動の低下 同一体位の持続 水分不足 食物繊維の摂取不足	①腹部温罨法 ②腹部マッサージ ③医療者に水分摂取量や栄養剤の内容について相談し, 必要時, 指示による緩下剤の投与
チューブトラブル	1. 胃ろう・腸ろう周囲からの栄養剤の漏れ	ろう孔径に比べチューブが細い, 胃の出口の幽門狭窄, 胃腸の蠕動運動の低下による胃内圧の上昇	①栄養剤の注入を中止または, 速度を遅くする ②体位の工夫:上体を起こす, 胃部を圧迫する体位を避ける ③皮膚の発赤, ただれを防ぐため胃ろう・腸ろう周囲を清拭
	2. 栄養剤の滴下が止まる, 入りにくい	チューブの閉塞 胃の内圧が高い	①チューブの屈曲を確認 ②チューブに白湯または酢水を流してつまりを確認
	3. 胃壁・腸壁の血流障害・炎症と注入速度の遅延, チューブが回転しない	胃腸内のバンパーのストッパーが胃壁や腸壁に埋没し, 圧迫による血流障害や注入速度の遅延が発生	定期的に体外ボタンや体外チューブを回転させる
	4. 自己抜去	患者の不穏, 認知症など	①医療者へ連絡 ②家族がろう孔の確保方法を指導されていれば確保を行う

	合併症	原因	対策
代謝性合併症	1. 電解質の欠乏 特に低ナトリウム血症による混乱や悪心嘔吐		医療者へ連絡
	2. ビタミン，微量元素の欠乏 銅，亜鉛，セレンの欠乏など		微量元素補給の目的で，ジュースやココア，味噌汁や鰹節のだし汁を注入することがある
	3. 血糖異常	糖尿病	カロリーコントロールなどについて医療者と相談
	4. 必須脂肪酸欠乏	補給している栄養成分の偏り	医療者に相談
	5. 脱水	水分不足	医療者に相談
皮膚トラブル	1. 胃ろう・腸ろう部の不良肉芽やろう孔周囲の潰瘍など	外部ストッパーによる圧迫など	①ろう孔周囲の皮膚の観察と洗浄による清潔の維持 ②定期的に体外ボタンや体外チューブを回転させる ③胃ろう部に浸出液が見られる場合は，ティッシュをゆるく胃ろうチューブに巻きつけることがある。炎症所見があれば医療者に報告し対処
	2. 鼻の皮膚の発赤，ただれ	経鼻胃管の絆創膏固定による鼻孔や頬部のかぶれ	①定期的に絆創膏の位置を貼りかえる ②チューブが鼻腔に強く当たらないような固定方法を工夫

7. 医療者との連携

　経管栄養は，十分注意していても，生命に直結する危険や予期しないトラブルに見舞われることがあります。主な合併症とその対応について理解しておき，実施においては，医師や看護職の医療者と報告・連絡・相談などを適宜行い，連携を図ることが大切です。

●介護職員等が行うことのできる可能な範囲は，下記の通りです。
　　①必要物品の準備
　　②栄養剤の注入
　　③注入中の定期的な観察
　　④注入終了後の微温湯（白湯）またはお茶などを注入し，チューブ内に残った栄養剤を流し入れる
　　⑤注入後の状態観察
　　⑥看護職員等への報告
　　⑦記録等

●経管栄養を中止する要件
　以下の場合，直ちに医療者へ連絡する。
　①いつもと違った意識障害がある場合
　②通常体温以上の発熱，38.0℃以上の発熱
　③酸素飽和度の持続的な低下（パルスオキシメーターで90％以下）
　④血圧低下：医療者と中止の値の取り決めをしておく
　⑤消化器症状（嘔吐，腹痛や腹部違和感，張り，水様便，黒色便，血便など）
　⑥胃ろう部から胃内容物が大量に漏れる
　⑦利用者が経管栄養の中止を希望

③ 経管栄養法の実際　参照

1．経管栄養実施時の必要物品

経管栄養に必要な物品について説明します。用意するものは，9つあります。

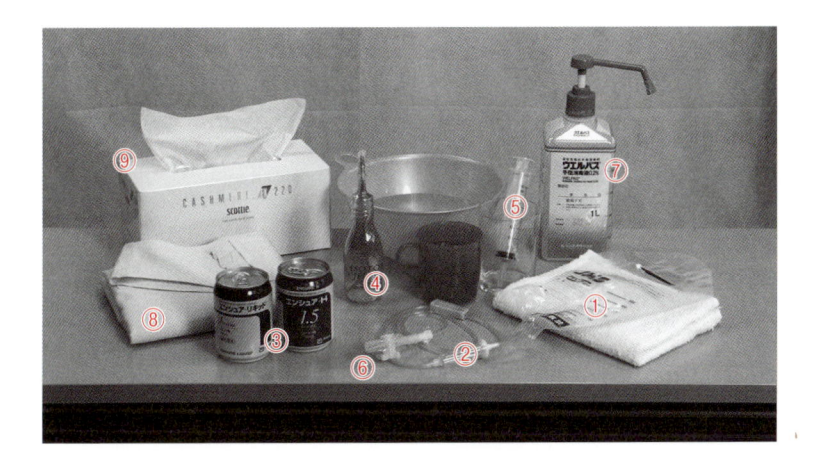

【必要物品】
①注入用バッグ
②栄養点滴セット
③栄養剤
④白湯または補水液ゼリー（必要時）
⑤カテーテルチップ型シリンジ
⑥接続用チューブまたは誤接続防止用コネクター（必要時）
⑦手指消毒液と手袋
⑧エプロン
⑨ティッシュや聴診器（必要時）

経管栄養法／経管栄養法の実際　71

経管栄養実施時に必要な物品各々について説明します。

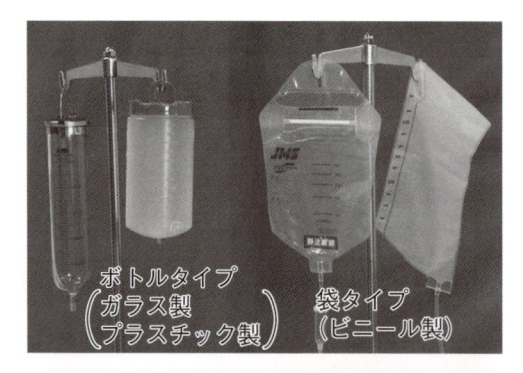

①注入用バッグ

栄養剤を入れる注入用バッグには、いくつか種類があります。ガラス製・プラスチック製のボトルタイプのもの、またはビニール製の袋タイプのものがあります。清潔であるか、乾燥しているかを確認します。

②栄養点滴セット

注入用バッグについている栄養点滴セットには、滴下筒とクレンメが付いており、経鼻胃管チューブや胃ろうチューブと接続します。すでに注入用バッグに付いているものと、別々に用意するものがありますが、ここではすでに注入用バッグに付いているものを準備します。

③栄養剤

栄養剤には、液体タイプまたは半固形タイプなどがあります。医師から指示された種類、量、温度、時間などを確認しておきます。必要時、計量カップを準備しておきます。

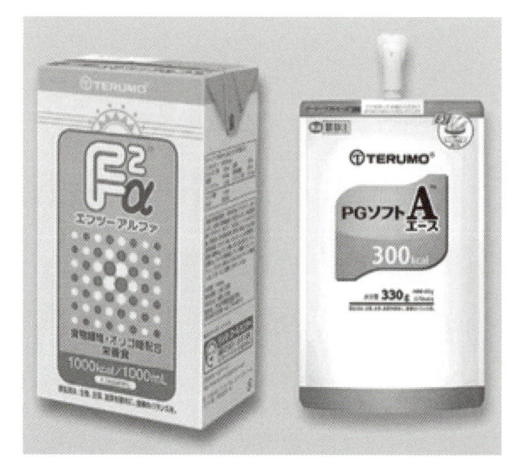

④白湯または補水液ゼリー

　栄養剤注入の後に入れる白湯または補水液ゼリーは指示量を確認します。ゼリータイプのものは，水分補給として使用することもあります。ここでは白湯を準備します。

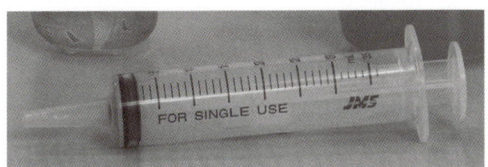

⑤カテーテルチップ型シリンジ

　白湯を流す際に使用するカテーテルチップ型シリンジです。

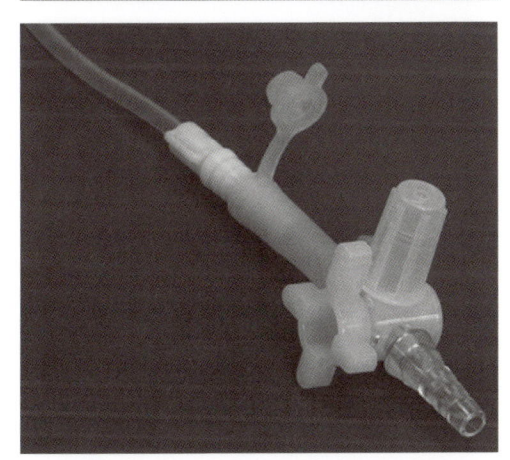

⑥接続用チューブまたは誤接続防止用コネクター

　接続用チューブまたは誤接続防止用コネクターは必要時に使用します。誤接続防止用コネクターは，静脈ラインとの誤接続を防止するためのものです。胃ろうがボタン型の場合は，接続用チューブが必要になります。

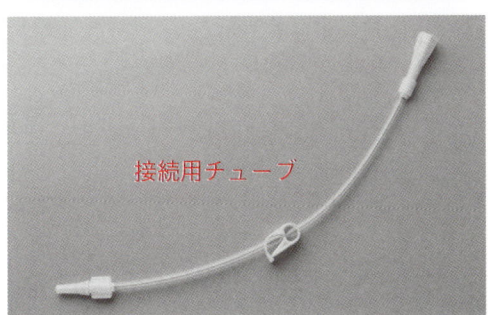

接続用チューブ

経管栄養法の実際　73

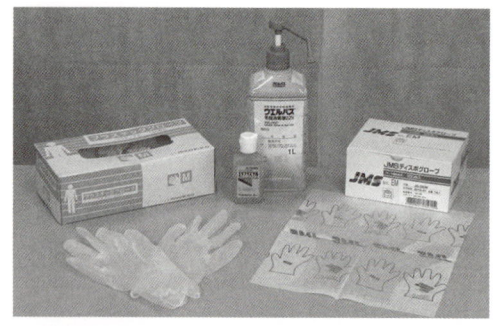

⑦手指消毒液と手袋
　速乾性の手指消毒液と使い捨ての手袋は，介護者が清潔な手で介護し，感染を予防するために使用します。

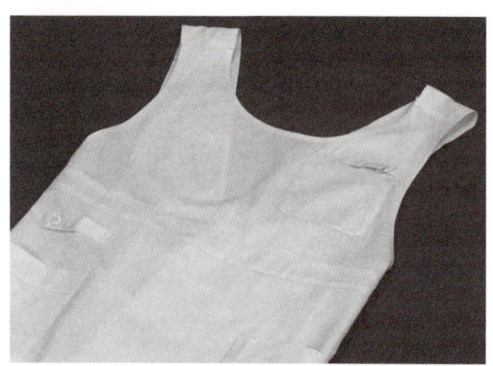

⑧エプロン
　感染を予防するためにエプロンを準備します。

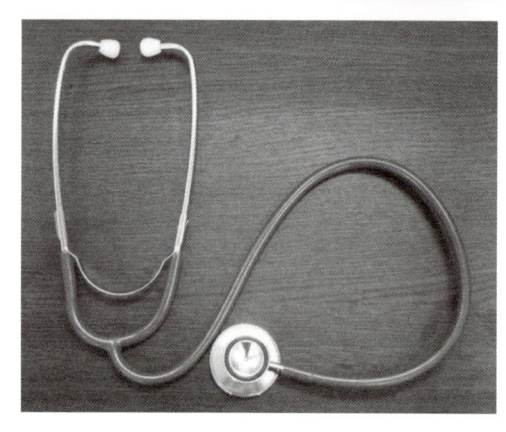

⑨ティッシュや聴診器
　必要時準備します。

④ 介護者の準備 参照

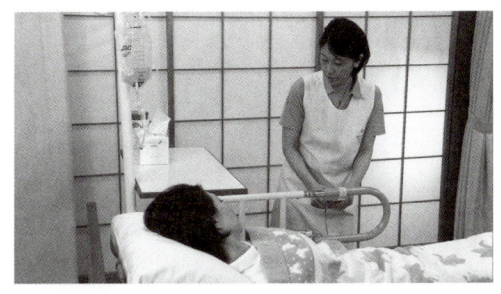

介護者の準備について説明します。

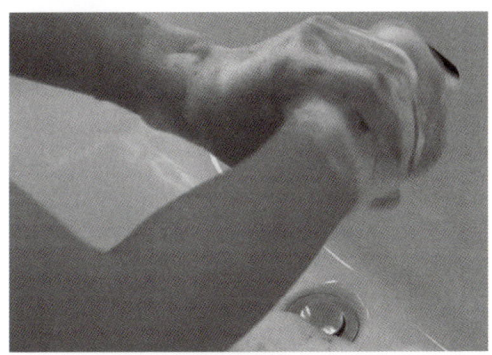

1. 手洗い

介護者は腕時計を外し，実施する前には，ハンドソープと流水で十分に手を洗います。

また，速乾性の手指消毒液で手指を消毒しておきます。

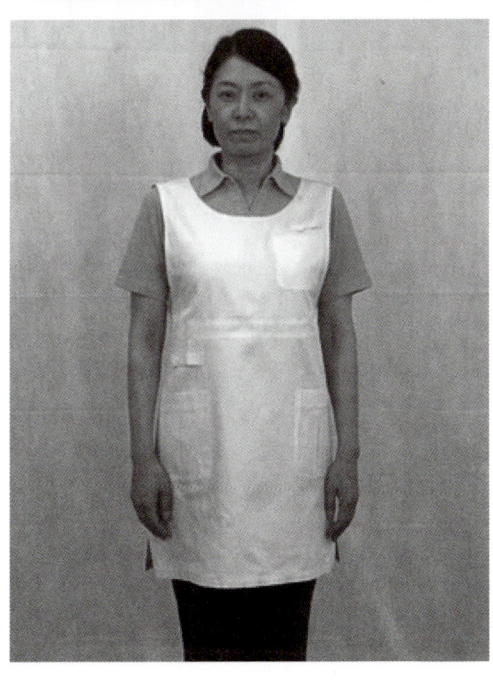

2. エプロンの着用

エプロンを着用し，分泌物などからの衣服の汚染を防ぎ感染を予防します。

5 経管栄養法の手順　参照

経管栄養法の手順は，以下の通りです。

1. 経鼻経管栄養法

手順とことばがけの例	根拠や留意点
●経鼻経管栄養法●	・初めて行うときや必要時，経鼻経管栄養法の手順について説明する。 ・前準備として，たん吸引やおむつ交換が必要な場合は実施しておく。
1. 説明と同意 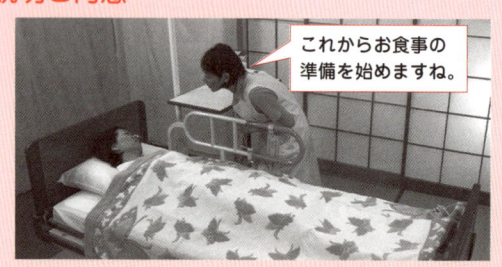 （これからお食事の準備を始めますね。）	・これから経管栄養を行うことを説明し同意を得る。 ・意識障害がある利用者や返事ができない利用者にも必ず声をかけ，人格を尊重した態度で関わる。 ・腹痛や嘔気などの腹部症状の有無や体調などを確認し，これらの症状がある場合は，家族や医療者に相談をする。
2. 栄養剤の準備 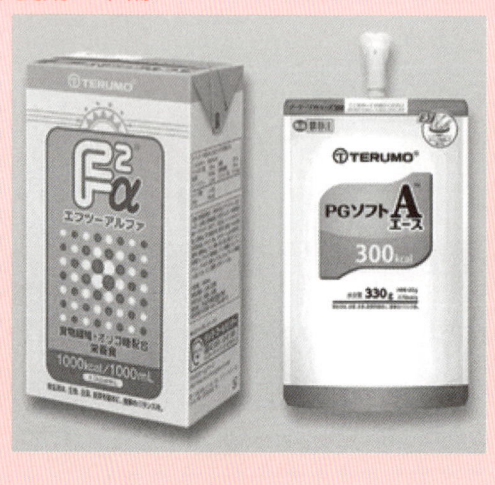	・指示された栄養剤の種類・量・温度・時間を確認する。 ・冷所保存で温度が低い場合に下痢を起こすおそれや，好みによって湯せんする場合に熱すぎると胃粘膜の火傷を起こすおそれがあるため，温度には注意が必要。

手順とことばがけの例	根拠や留意点
3. 注入の準備	
	・注入する栄養剤の内容の確認と注入用バッグのクレンメが閉まっていることを確認する。
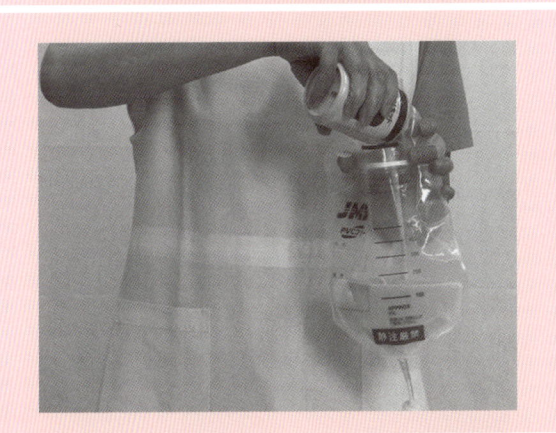	・清潔で乾燥しているか確認しておく。 ・不潔にならないようゆっくり入れる。
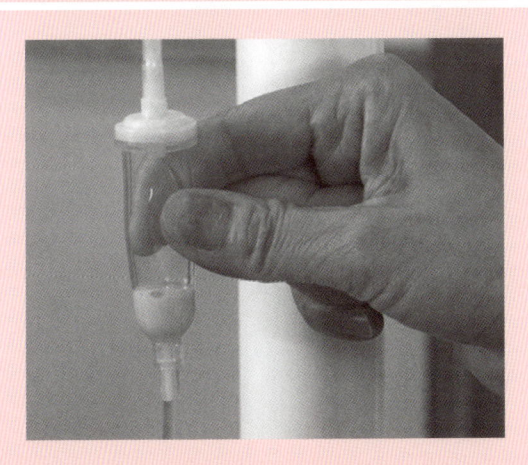	・注入用バッグについている滴下筒を指でゆっくり押してから離す。

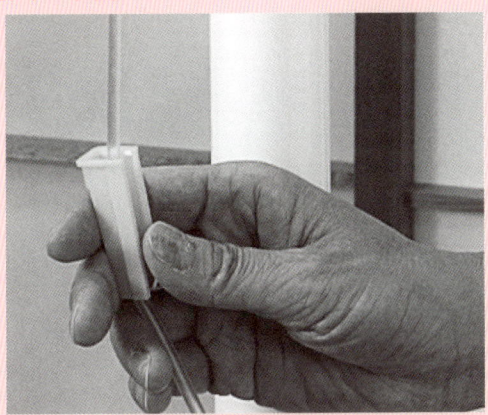

第2章 経管栄養

経管栄養法の手順　77

手順とことばがけの例	根拠や留意点
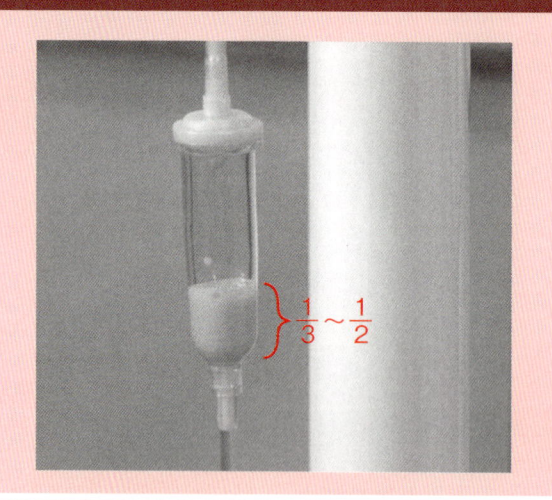	・筒内に $\frac{1}{3}$～$\frac{1}{2}$ 程度栄養剤を満たす。そうすることで、チューブ内に空気が入ることを防ぐことができる。 ・その際、筒が斜めにならないよう気をつける。
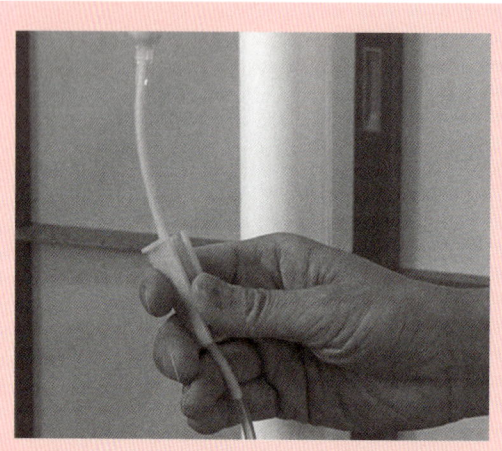	・クレンメを開け、注入用バッグについているチューブの先端まで栄養剤を満たして空気を抜いてからクレンメを閉じる。
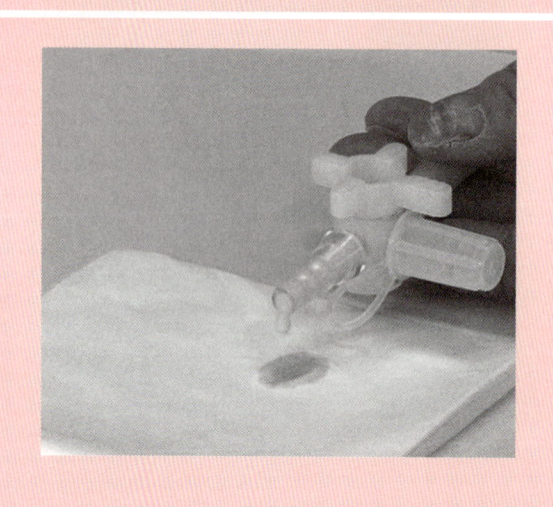	・チューブの先端から栄養剤がこぼれてもいいように、お皿やコップ、ティッシュなどを準備しておく。

経管栄養法の手順

手順とことばがけの例	根拠や留意点
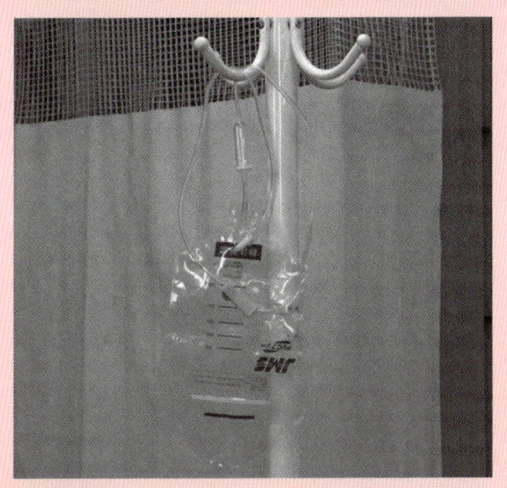 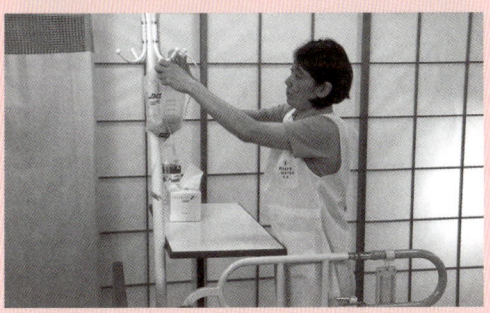	・栄養剤の準備ができたら，利用者のもとに運ぶ。 ・注入用バッグの設置方法は，洋服掛けなど家庭にあるものを利用して，それぞれの状況に合わせて行う。
4. 姿勢を整え，誤嚥防止 頭を上げます。 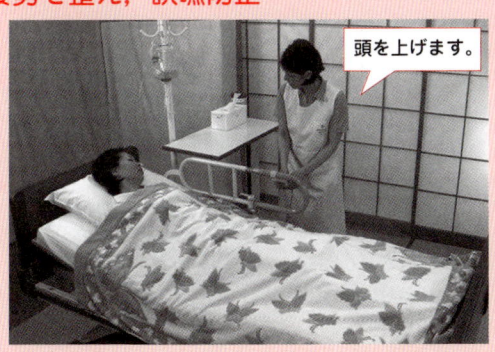	・ことばをかけて，姿勢を整える。栄養剤の逆流による誤嚥予防のため，ファウラー位（45～60度に挙上）や座位にする。 ・このとき，姿勢のずれが起こらないよう，枕やベッドで膝を軽度屈曲しておくと安定する。 ・胃部を圧迫した姿勢になっていないか確認する。

第2章 経管栄養

経管栄養法の手順　79

手順とことばがけの例	根拠や留意点
5. 経鼻胃管チューブの固定の確認 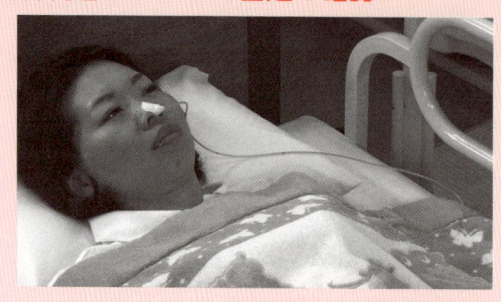	
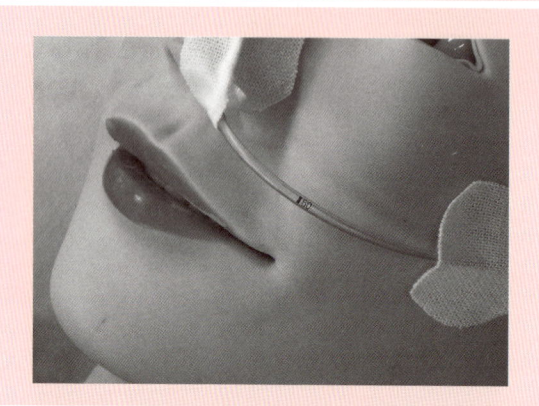	・鼻から挿入されたチューブの鼻元に印をつけるか，チューブの長さを示す印に変わりがないか確認する。
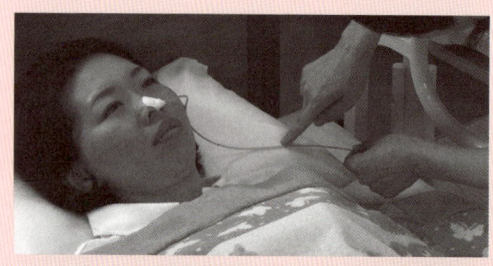 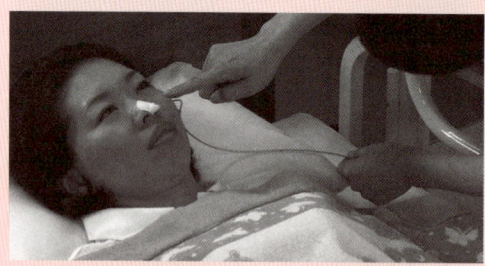	・鼻孔から栄養チューブの接続部まで指でたどり，抜けやねじれ，引っ張り，圧迫などルート経路に誤りがないことを確認する。 ・また，チューブが抜けかかっている感じがないか聞いたり，口が開く場合は，のどにチューブがまっすぐ通っており，とぐろを巻いていないかを確認する。 ・抜けかかっていた場合，注入せず医療者に連絡・相談する。

経管栄養法の手順

手順とことばがけの例	根拠や留意点
6. 注入用バッグを経鼻胃管チューブと接続 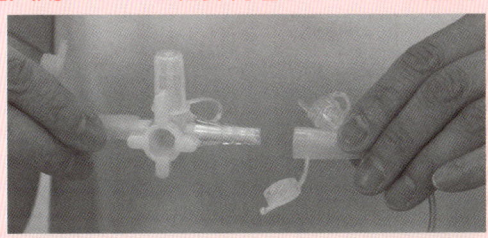 	・注入用バッグを経鼻胃管チューブと接続する。
7. 栄養剤の注入 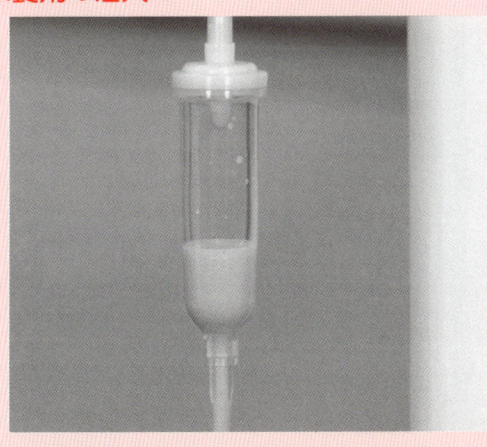	・クレンメをゆっくり開きながら指示された時間で注入できるよう，滴下数を調節する。 ・注入を開始することを利用者に伝える。
・注入速度の調整 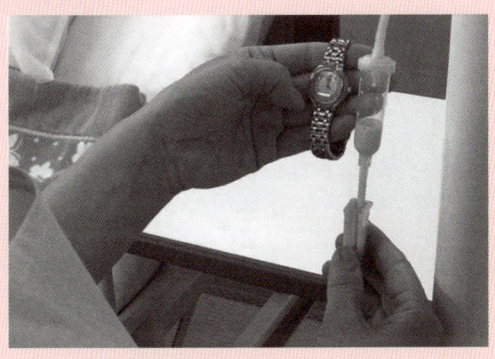	・注入速度は，利用者の状態や医師の指示する速度により調整する。

第2章 経管栄養

経管栄養法の手順

手順とことばがけの例	根拠や留意点
8. 栄養剤注入中の観察 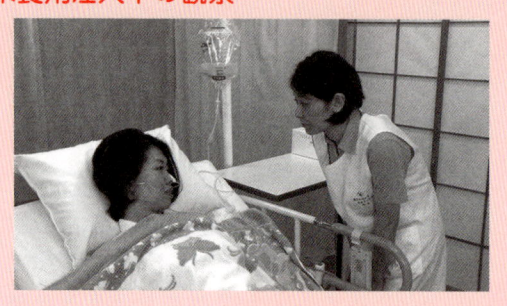	・注入中も適宜，表情の観察や気分不快，腹部膨満感，嘔気・嘔吐などの異常が起こってないか，注入速度は適切か，姿勢は崩れていないかなどの確認を行う。 ・症状がある場合は，注入速度を遅くしたり，いったん中止し，血圧測定ができる場合は測定し，医療者や家族に連絡・相談する。
9. 栄養剤注入後，白湯の注入 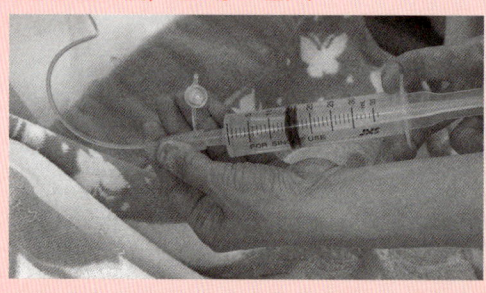	・注入が終わったら，クレンメを閉じ，注入用バッグをはずす。 ・その後，水分補給とチューブ内を洗浄するため20〜30 mL程度の白湯を流す。
10. 栄養剤注入後の姿勢保持と観察 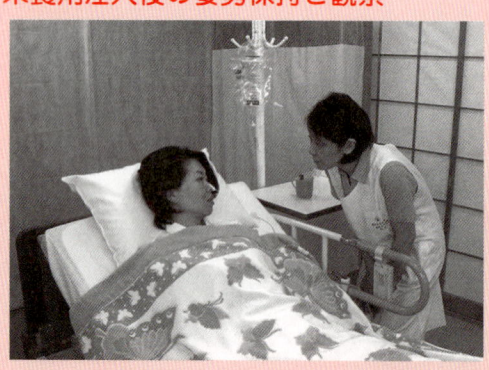	・胃から食道への逆流を予防するため，注入終了後も30分〜1時間程度はそのまま姿勢を保持する。その際，利用者の全身状態を観察する。 ・終了後は，寝たきりや褥瘡発生の可能性のある利用者については，医療者の指示を確認し，体位交換を行う。 ・また，ケア責任者に利用者の状態や異常の有無などを報告する。

手順とことばがけの例	根拠や留意点
11. 使用物品の後片付け	・カテーテルチップ型シリンジや注入用バッグは中性洗剤で洗浄し，1日1回は消毒薬などに約1時間つけ置きし，その後洗浄・乾燥させておく。 ・注入用バッグは，汚れの状況をみながら週1回程度で新しいものと交換する。

2. 胃ろう・腸ろうからの経管栄養法

手順とことばがけの例	根拠や留意点
●胃ろう・腸ろうからの経管栄養法●	・胃ろうや腸ろうの手順は，経鼻経管栄養法に準じる。ここでは，チューブ型の胃ろうの取り扱いを説明する。
1. 説明と同意	・経鼻経管栄養法p.76参照
2. 栄養剤の準備	・経鼻経管栄養法p.76参照
3. 注入の準備	・経鼻経管栄養法p.77〜79参照
4. 姿勢を整え，誤嚥防止	・経鼻経管栄養法p.79参照
5. 胃ろうチューブの固定の確認	・胃ろうチューブから胃ろう先端まで指でたどりながら，破損や抜け，折れ曲がり，ねじれなどを確認し，胃ろう周囲の皮膚の発赤やびらんの有無などの観察を行う。 ・抜けかかっていた場合は，医療者に連絡・相談する。

第2章 経管栄養

経管栄養法の手順

手順とことばがけの例	根拠や留意点
6. 注入用バッグを胃ろうチューブと接続 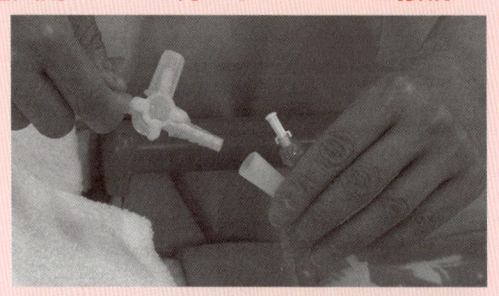 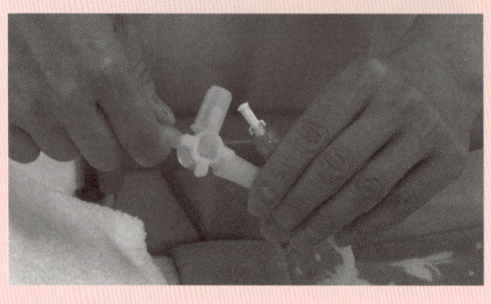	・注入開始時には，利用者に必ずことばがけを行う。 ・腹部膨満感がある場合，医療者の指示のもと，胃内のガス抜きを行ってから，栄養剤を注入する。 ・注入中は，胃ろう周囲からの栄養剤の漏れの有無や気分不快，腹部膨満感，嘔気・嘔吐などの異常が起こっていないかなどの観察を行う。
7. 栄養剤の注入	・経鼻経管栄養法p.81参照
8. 栄養剤注入中の観察	・経鼻経管栄養法p.82参照
9. 栄養剤注入後，白湯の注入	・経鼻経管栄養法p.82参照
10. 栄養剤注入後の姿勢保持と観察	・経鼻経管栄養法p.82参照
11. 注入後の胃ろうチューブの取り扱い 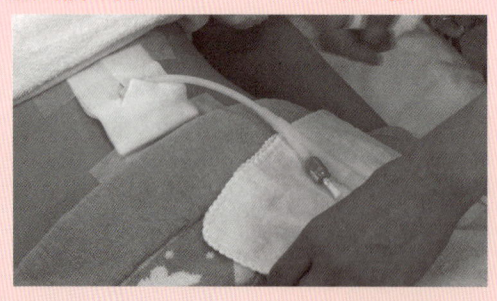	・注入後，胃ろうチューブの先端を清潔なタオルなどで包み，輪ゴムで止めると不潔にならず収納できる。また，利用者が気にして引っ張るなどの行為を避けることもできる。
12. 使用物品の後片付け	・経鼻経管栄養法p.83参照

経管栄養法の手順

3. 胃ろうからの半固形栄養剤注入法

●必要物品●

　半固形栄養剤，カテーテルチップ型シリンジ，白湯または補水液ゼリーを準備します。胃ろうがボタン型の場合は，接続用チューブも準備しておきます。

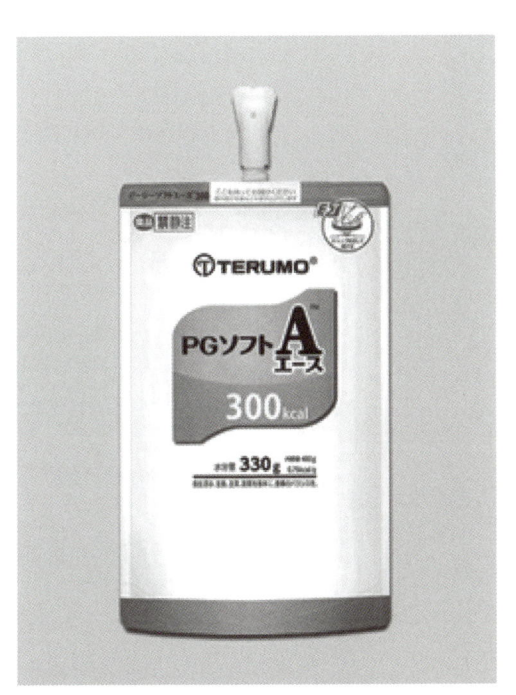

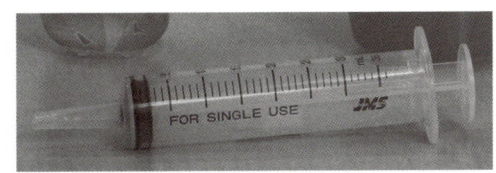

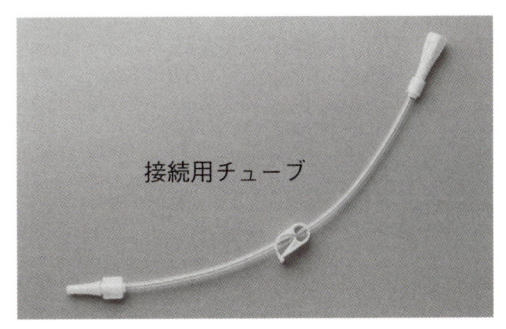

接続用チューブ

手順とことばがけの例	根拠や留意点
●胃ろうからの半固形栄養剤注入法●	・ここでは，半固形栄養剤による注入方法の手順を説明します。
1. 姿勢を整え，胃ろうチューブの固定の確認 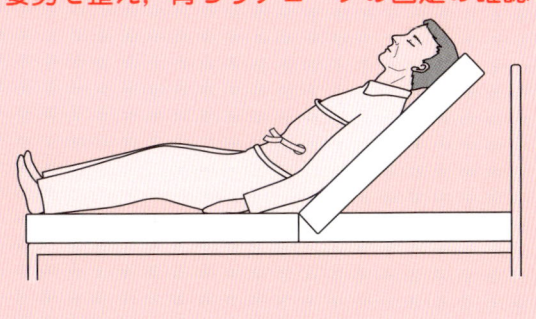	・半固形栄養剤の場合は，逆流の心配が少ないため，腹部を圧迫しない姿勢であれば，30°のギャッジアップでも，座位でもよい。

第2章 経管栄養

経管栄養法の手順

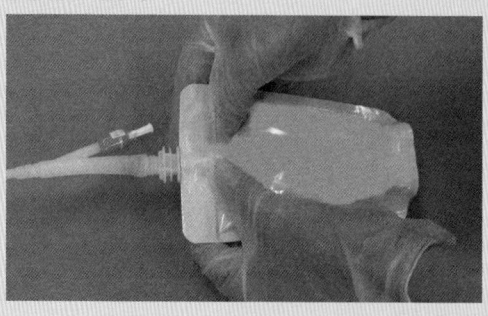

手順とことばがけの例	根拠や留意点
2. 栄養剤の注入	・半固形栄養剤を直接胃ろうチューブや接続用チューブにつなぎ、手で加圧して注入する。また、カテーテルチップ型シリンジに半固形栄養剤を吸い、注入する方法もある。 ・パックの両側から圧をかけながら注入する。 ・注入は、接続部が外れないようしっかり固定して行い、注入中は利用者の状態や胃ろう部の漏れの有無などの観察を行う。 ・注入時間は医師の指示に従うが、半固形栄養剤は、300〜600mLを15分程度の短時間で注入する。 ・半固形栄養剤は粘度が高く、つまりやすいため、注入後は必ず白湯を5〜10mL程度注入し、栄養剤を洗い流す。 ・注入後の安静は不要であり、体位制限もない。 ・終了後は利用者の状態の観察を行う。

第3章 バイタルサインの測定

1. バイタルサインとは ･････････････････････････････ 89
2. 必要物品 ･･･････････････････････････････････････ 89
3. 体温測定 ･･･････････････････････････････････････ 92
4. 血圧測定 ･･･････････････････････････････････････ 98
5. 脈拍と呼吸の測定 ･･･････････････････････････････ 103
6. 経皮的動脈血酸素飽和度（SpO$_2$）の測定 ･･･････････ 108
7. 意識の観察 ･････････････････････････････････････ 111
8. 心肺蘇生法 ･････････････････････････････････････ 113

第3章 バイタルサインの測定

1 バイタルサインとは

　バイタルサイン（vital signs）とは，生命徴候と訳され，具体的には体温，血圧，脈拍，呼吸，意識をさします。ここでは，呼吸による体内への酸素の取り込み状態を判断するための経皮的動脈血酸素飽和度（SpO_2）についても，呼吸に関連する内容として加えて説明します。

2 必要物品

1．体温測定

①腋窩用または耳式体温計　　②アルコール綿　　　　　③タオルまたはティッシュ
　　　　　　　　　　　　　　：測温部の消毒用　　　　：腋窩に発汗がある場合

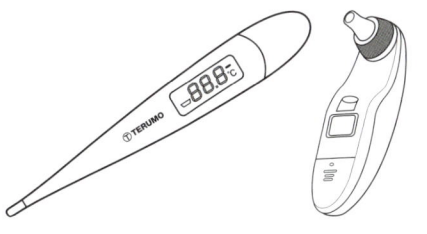

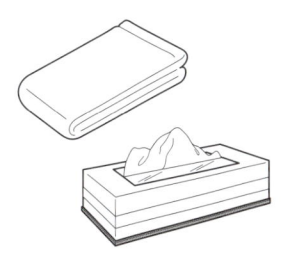

2．血圧測定

　血圧計には，電子血圧計，水銀血圧計，アネロイド血圧計などいくつかの種類があります。※介護職が認められているのは自動血圧計による測定のみです。

①電子血圧計　　②水銀血圧計と聴診器　③アネロイド血圧計と聴診器

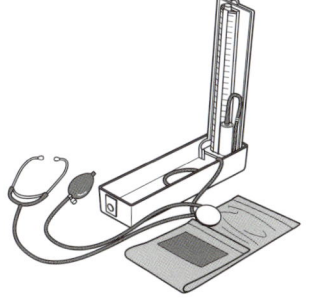

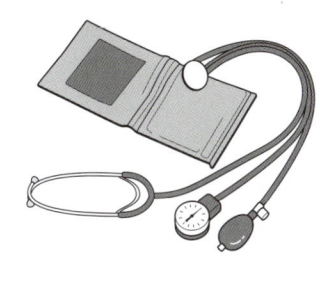

3. 脈拍・呼吸測定
秒針付き時計またはストップウォッチ

4. 経皮的動脈血酸素飽和度（SpO$_2$）の測定（必要時）
パルスオキシメーター（またはサチレーションモニター）で測定

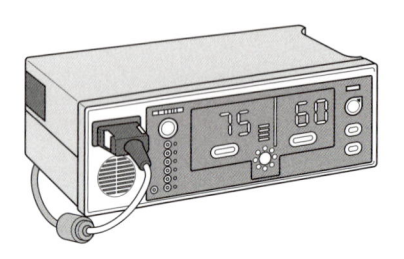

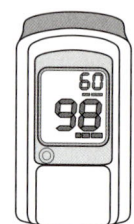

バイタルサイン測定の準備（例）★

身だしなみを整えて，必要物品を点検します。

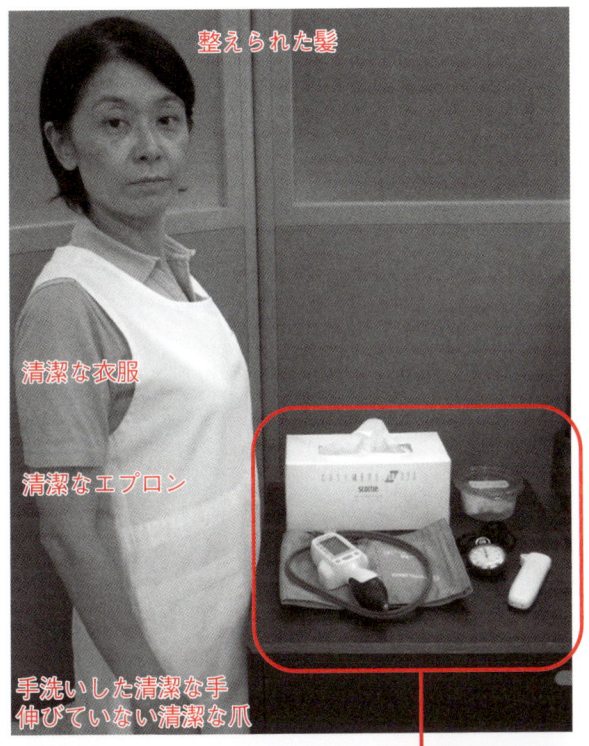

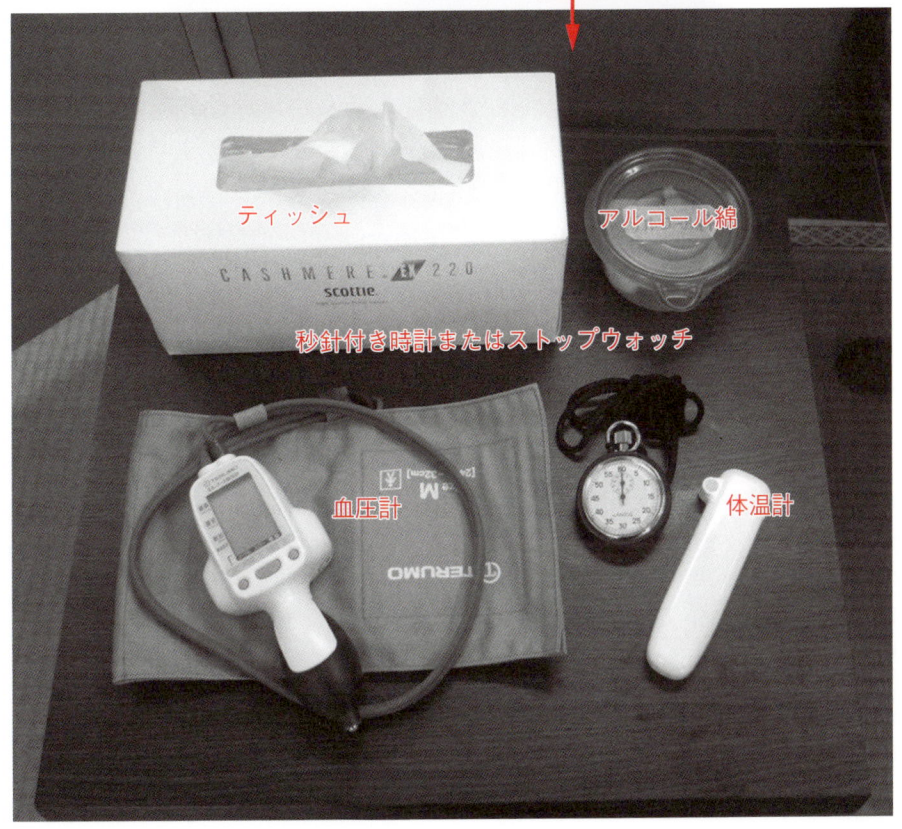

- 整えられた髪
- 清潔な衣服
- 清潔なエプロン
- 手洗いした清潔な手 伸びていない清潔な爪

- ティッシュ
- アルコール綿
- 秒針付き時計またはストップウォッチ
- 血圧計
- 体温計

必要物品

③ 体温測定　参照

1. 体温に関する基礎知識

（1）体温とは
体温とは，身体の温度のことですが，一般には，外気温などの影響を受ける皮膚表面の温度ではなく，比較的温度が一定している身体の深部温度（核心温）をさします。検温部位としては，腋窩，耳腔，舌下，直腸などがあります。

（2）体温調節
人の生体内外の温度情報は，視床下部にある体温調節中枢に伝わり，神経や内分泌系器官を介して，体温を一定範囲内に保つよう調整されます。

（3）体温の日内変動
健康な人の1日の体温の変化は，1.0℃以内です。

体温は，入浴後，飲食後，運動後など，多少変動がみられます。

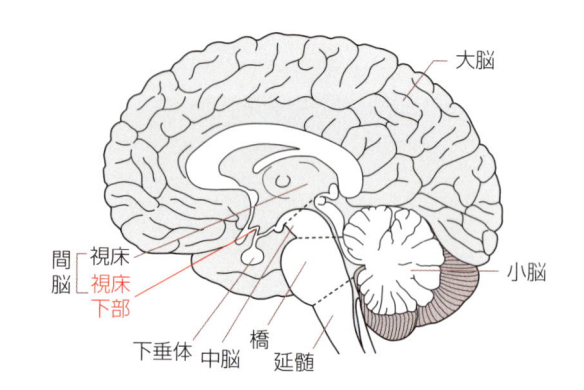

（4）体温の値について
体温の基準値は，一般に約36.5℃です。体温の基準値や異常値とその呼称については，表3-1に示しました。体温が低すぎる場合や体温が異常に上昇している最中は，寒気（悪寒）を感じ，時にふるえ（戦慄）がみられます。

体温が上昇して極点に達すると寒気やふるえは止まり，熱感，顔面紅潮などがみられます。一般に，42.0℃を超えると生体には不可逆的な障害が起こり，死に至るといわれています。また，解熱時は，多量の発汗が起こります。

表 3-1 体温の値とその呼称

体温の値	呼　称
36.0℃未満	低温　　虚脱熱
腋窩36.5℃　口腔36.7℃　鼓膜≒直腸37.0℃	成人から高齢者の基準値　平熱　健常熱
37.0～38.0℃未満	微熱　　軽熱
38.0～39.0℃未満	中等熱　中熱
39.0～40.5℃未満	高熱
40.5～41.5℃未満	最高熱　著高熱
41.5℃以上	過高熱　過熱

2. 体温測定の方法

◆電子体温計を用いた腋窩（えきか）での体温測定

※水銀体温計も同様

●腋窩体温計の構造の例●

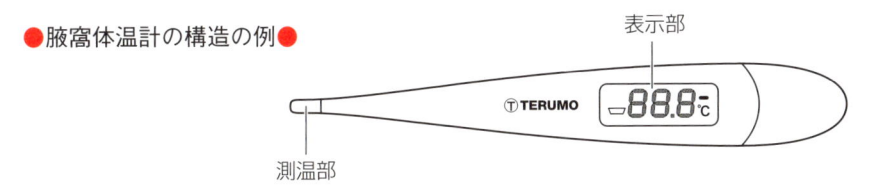

表示部／測温部

手順とことばがけの例	根拠や留意点
（1）利用者に体温を測定することを説明する。	・入浴後，食後，運動後30分は体温変動の可能性があるため測定を避ける。
（2）体温計を収納ケースから取り出す。必要時，体温計のスイッチを入れる。	・ケースからの出し入れによってスイッチが自動についたり，消えたりする体温計とスイッチを入れなければならない体温計がある。
（3）腋窩に体温計を挿入する。 ①脇の中心に体温計の測温部である先端を当てる。 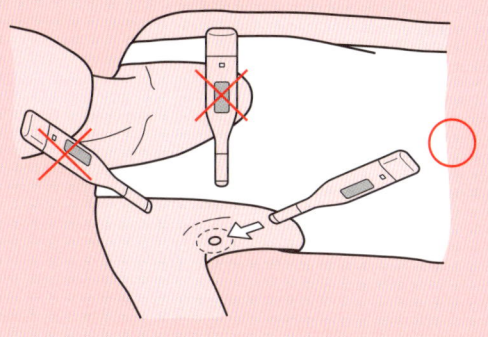 ②腋窩中心に向かって約30～45°の角度で体温計を挟む。 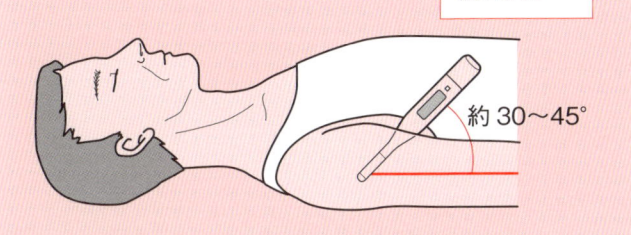 脇に体温計を挟みます。 約30～45°	・腋窩中心部は腋窩動脈に近く，腋窩の中で最も温度が高い。そこに測温部を当てて測る。 ・脇に汗をかいたまま測定すると，体温が低く測定されるおそれがある。 ・麻痺側は，健側よりも低く測定されるため片麻痺がある場合，健側に挟む。 ・腋窩に冷罨法（あん）をしていた場合，外してしばらくしてから測るか，冷罨法をしていなかった側で測定する。 ・やせ型の人の場合は，腋窩から体温計が落ちないよう介助する。

第3章 バイタルサインの測定

体温測定　93

手順とことばがけの例	根拠や留意点
③測定完了まで脇を密着させるよう説明する。	
（4）測定完了のブザーが鳴ったら体温計を外して値を読む。 37.0℃です。 ●記録の例：体温　37.0℃●	・腋窩(えきか)体温計は，約20～30秒で測定完了するものもあるが，使用している体温計によっては測定に数分間を要するものもあるため，確認して使用する。
（5）必要時，スイッチを切る。	・収納ケースに入れることで電源が切れるものもある。
（6）測温部を拭き，収納ケースにしまう。	・腋窩の常在菌やウイルスが付着するおそれがあるため，アルコール綿か清潔な布で拭いてから収納する。体温計によっては，防水タイプのものがある。消毒液の種類と濃度，消毒時間を守れば測温部を消毒液に浸漬(しんし)できるものや水洗い可能なものなどがある。浸漬，水洗い可能なものは，その後速やかに柔らかい清潔な布で水分を拭き，乾燥させてからケースにしまう。規定を守らないと体温計が劣化・故障するため注意する。

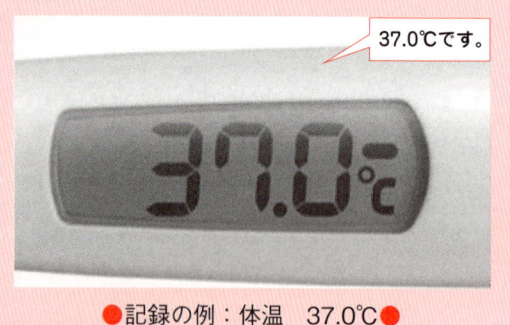

手順とことばがけの例	根拠や留意点
（7）異常値の場合，自覚症状を確認し，必要時医療者に報告する。 〔少しお熱がありますが，体でつらいところがありますか？〕	・体温の基準値は約36.5℃である（p.92 表3-1参照）。 ・寒気があれば掛け物などで保温し，熱感があり，希望があれば氷枕や氷嚢（のう）を当て，必要時医療者に連絡する。

◆耳温計を用いた体温測定

● 耳式体温計の構造の例 ●
　耳式体温計の構造は，メーカーとその種類によって多少違いがあります。

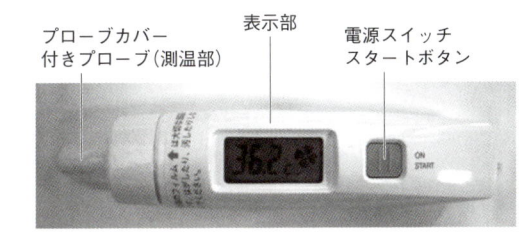

プローブカバー付きプローブ（測温部）　表示部　電源スイッチ スタートボタン

手順とことばがけの例	根拠や留意点
（1）プローブあるいはプローブカバーの汚れ，破損がないことを確認する。プローブが汚れていればアルコール綿か綿棒で拭く。カバーが汚染・破損していれば交換する。	・耳式体温計のプローブには，カバーを必要とするものとしないものがある。
（2）利用者に体温を測定することを説明する。 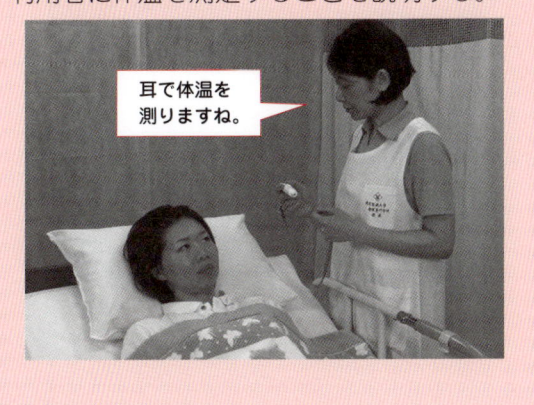 〔耳で体温を測りますね。〕	・耳垢が詰まっていたら測定前に取り除く。 ・外耳炎，中耳炎など耳に病気がある場合は，耳式体温計ではなく，腋窩（えきか）体温計を選択する。

第3章　バイタルサインの測定

体温測定　95

手順とことばがけの例	根拠や留意点
（3）電源スイッチを入れ，指定マークが表示されたことを確認する。 	・指定マークは，メーカー，体温計の種類によって異なる。
（4）耳式体温計のプローブを挿入する。 　　挿入時，耳介（耳たぶ）を軽く後方に引く。 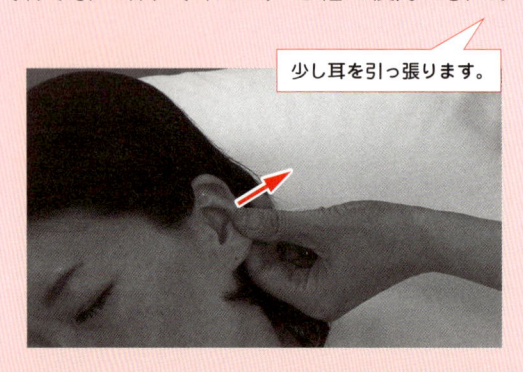 少し耳を引っ張ります。	・耳介を軽く後方に引くことにより耳の穴が真っ直ぐになり，鼓膜やその周辺の熱が赤外線センサーに検知されやすくなるため，正確な体温測定につながる。 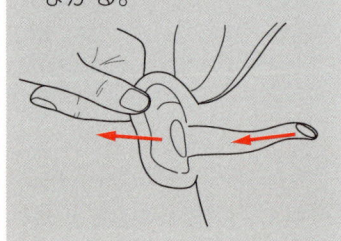
（5）プローブの先端を耳の奥の鼓膜の方向に向けて奥まで挿入する。 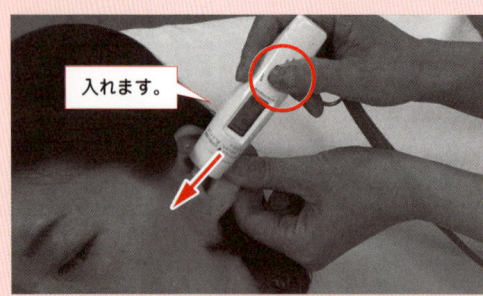 入れます。	

手順とことばがけの例	根拠や留意点
（6）スタートボタンを押す。 スタートボタン	
（7）測定完了のブザーが鳴ったら体温計を外して値を読む。 36.2℃です。 ●記録の例：体温　36.2℃●	・耳式体温計は，約1秒というごく短時間で測定が完了する。
（8）必要時，スイッチを切る。	・しばらくすると自動的にスイッチが切れるものもある。
（9）必要時，プローブ，プローブカバーをアルコール綿で拭く。	
（10）異常値の場合，自覚症状を確認し，必要時医療者に報告する。	・耳式体温計での測定結果は，腋窩(えきか)での測定温度に比べ，一般的に0.5〜1.0℃高いといわれるが，患者の状況によって個人差がある。 ・寒気があれば掛け物などで保温し，熱感があり，希望があれば氷枕や氷囊(のう)を当て，必要時医療者に連絡する。

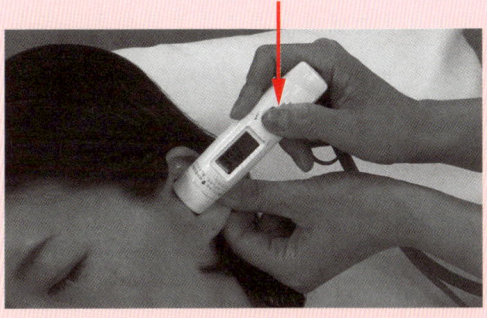

第3章　バイタルサインの測定

体温測定

④ 血圧測定 　参照

1. 血圧に関する基礎知識
(1) 血圧とは
　血圧とは，心臓から拍出された血液の血管壁にかかる圧をいいます。
　一般に血圧というと動脈血圧を意味し，収縮期血圧と拡張期血圧を表します。収縮期血圧は，最高血圧，最大血圧，上の血圧ともいい，心臓が収縮して全身に血液を送り出し，最も血管に血液の圧力がかかっているときの血圧をいいます。拡張期血圧は，最低血圧・最小血圧・下の血圧とも呼ばれ，心臓が一番拡張し最も血管に血液の圧力がかかっていないときの血圧をいいます。
　血圧値の単位は，水銀柱の高さで何 mm になるかという mmHg（ミリメートル水銀柱）で表されます。Hg は水銀の元素記号で，英語ではマーキュリーと読むためミリメートルマーキュリー（millimeter（s）of mercury）といったり，ミリメートルエイチジーということもあります。ミリメートルをミリと略していうこともあります。

(2) 血圧の調整
　血圧は，自分の意思ではコントロールできない自律神経系，内分泌系，腎臓系器官の働きなどが，心臓や血管，血液に影響し調整されます。

(3) 血圧値を変動させる因子
　活動やストレスなどの精神的因子，環境などによって，一過性に血圧は多少の上がり下がりをみせます。
　①血圧を上げる因子：肉体労働，運動，歩行，食後，塩分の過剰摂取，喫煙，寒冷，疼痛，緊張など。医師や看護師が測るときに緊張して血圧が上がる場合を「白衣性高血圧」といいます。
　②血圧を下げる因子：睡眠，温暖など

(4) 血圧の値について
　血圧は年齢でみると高齢になるほど上がる傾向にあります。成人における血圧値の分類については，表3-2 に示した通りです。高血圧時の自覚症状としてはめまい・頭痛・肩こり・耳鳴りなどがあり，高血圧を原因とする病気としては脳梗塞・糖尿病・心筋梗塞・狭心症などがあります。

表3-2 成人における血圧値の分類～日本高血圧学会2009による～

分類	最大（収縮期）血圧 (mmHg)		（最低）拡張期血圧 (mmHg)
至適血圧	120 未満	かつ	80 未満
正常血圧	130 未満	かつ	85 未満
正常高値血圧	130～139	または	85～89
Ⅰ度高血圧	140～159	または	90～99
Ⅱ度高血圧	160～179	または	100～109
Ⅲ度高血圧	180 以上	または	110 以上
（孤立性）収縮期高血圧	140 以上	かつ	90 未満

2. 血圧測定の方法

●電子血圧計の構造の例●

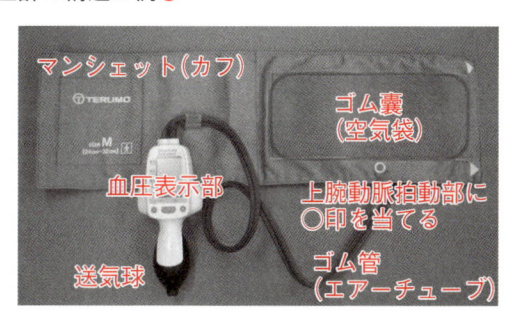

マンシェット（カフ）
ゴム嚢（空気袋）
血圧表示部
上腕動脈拍動部に○印を当てる
送気球
ゴム管（エアーチューブ）

●電子血圧計による測定方法●

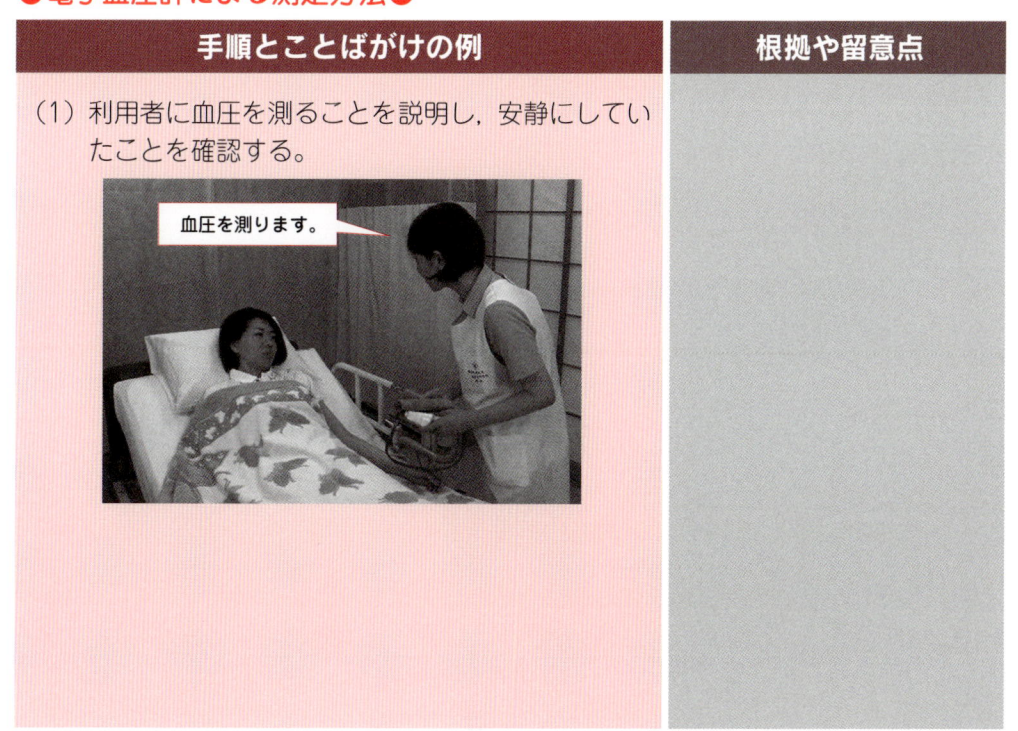

手順とことばがけの例	根拠や留意点
（1）利用者に血圧を測ることを説明し，安静にしていたことを確認する。 血圧を測ります。	

血圧測定　99

手順とことばがけの例	根拠や留意点
（2）マンシェットを巻く。 ①マンシェットを巻く測定位置が心臓と同じ高さであることを確認する。  「マンシェットを巻きます。」	・上腕の場合は，マンシェットを巻く測定位置と心臓の高さはだいたい同じである。 ・片麻痺の場合，健側にマンシェットを巻く。 ・点滴側，創部側，人工透析をしている場合はシャント側を避けてマンシェットを巻く。 ・マンシェットは素肌に直接巻くのが原則だが，薄い下着などであれば，その上からでもよい。
②ゴム嚢中央部を上腕動脈が走行するように巻く。 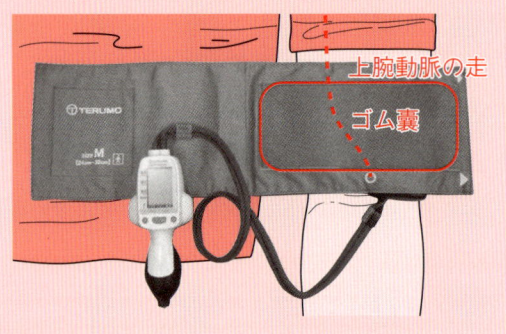 上腕動脈の走 ゴム嚢	・マンシェットの中のゴム嚢（赤枠内）を送気球で膨らませて上腕動脈を圧迫し，血圧を測定する。 ・上腕動脈は，腋窩内側から肘窩中央部に向かって走行している。
③手のひらが上になるようにし，肘窩で触知される上腕動脈の拍動部分に，マンシェットの印（この血圧計では〇印）が位置するように巻く。 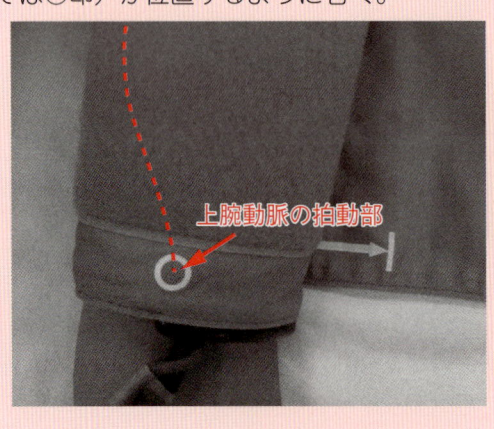 上腕動脈の拍動部	

血圧測定

手順とことばがけの例	根拠や留意点

④マンシェットの下縁と肘窩の距離は，約2〜3cmになるように巻く。

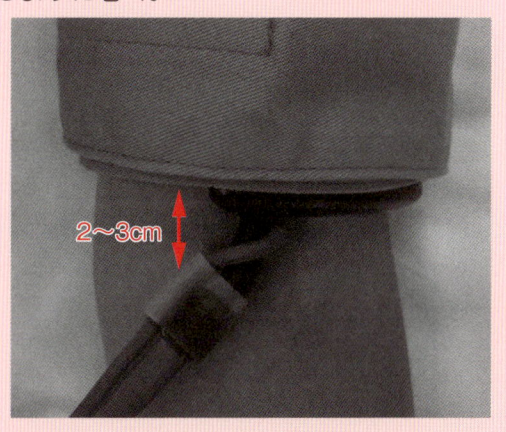

⑤巻き加減は，指が1〜2本入る程度とする。

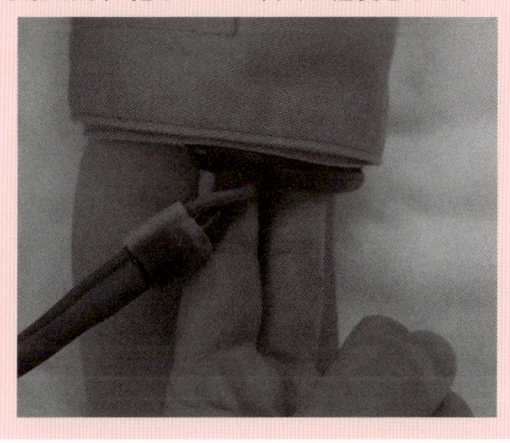

(3) 加圧する。

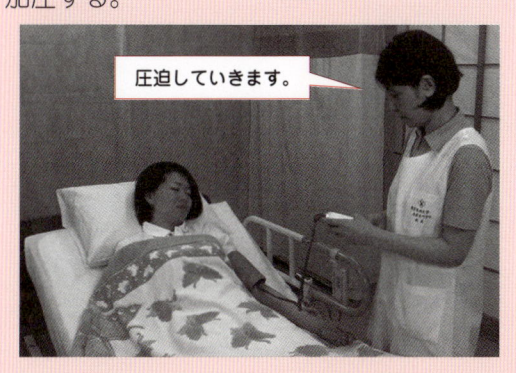

圧迫していきます。

- 平常の値より20〜30 mmHg上まで加圧する。メーカーの文書によっては，30〜40 mmHg上まで加圧すると書かれているものもある。
- 測定中は話しかけないようにする。

手順とことばがけの例	根拠や留意点
（4）減圧する。	・ここで使用している電子血圧計は，加圧をやめると自動的に減圧する。減圧のスピードは，水銀血圧計の場合，一般的に1～2 mmHgとされるが，電子血圧計は自動的に3～4 mmHg程度の速さで減圧される。
（5）測定値が表示されたら値を確認し，必要時測定値を利用者に伝える。 血圧の記録をする場合は，最高血圧（収縮期血圧）と最低血圧（拡張期血圧）を単位とともに記載する。 ●記録の例：血圧　123/74 mmHg● 123の74です。	
（6）速やかにマンシェットを外し，寝衣を整え，血圧計を片付ける。 マンシェットを外します。	
（7）異常な値の場合，自覚症状を確認し，必要時医療者に報告する。	・正常血圧値は，130/85 mmHg未満である。

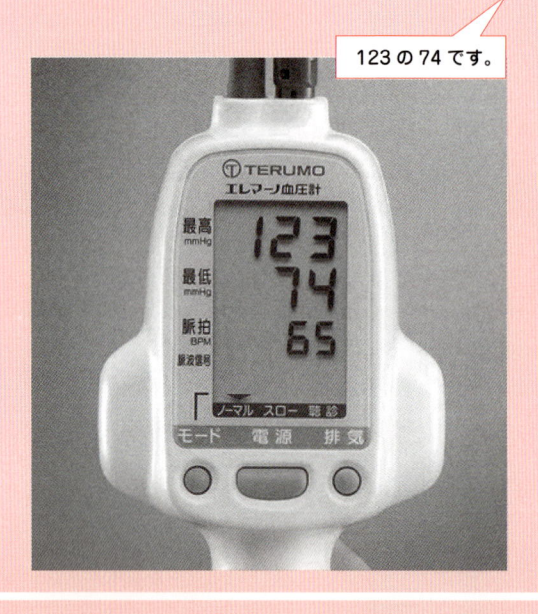

5 脈拍と呼吸の測定 参照

脈拍測定 ★

1. 脈拍に関する基礎知識
（1）脈拍とは

　脈拍とは，心臓の収縮によって駆出された血液が動脈壁を拡張させることによって生じる動脈壁の拍動です。脈拍は心臓の拍動とほとんど同時に触れることができます。

　脈拍の触知部位は，図3-1の通りです。一般的には，手首内側の親指側を走行している図3-2の橈骨動脈を触知して測定することが多いです。

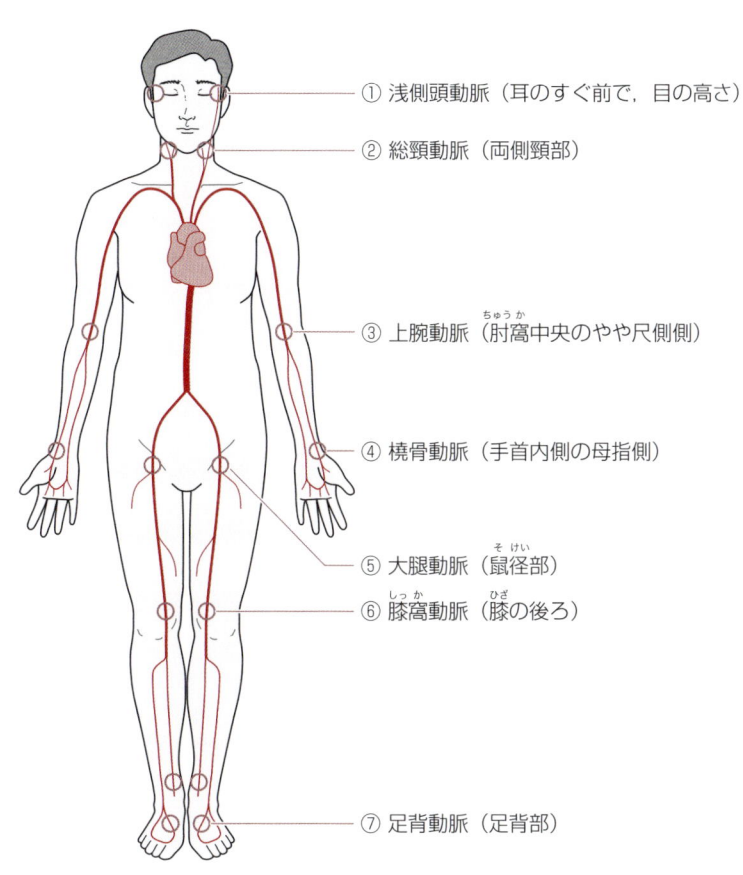

① 浅側頭動脈（耳のすぐ前で，目の高さ）
② 総頸動脈（両側頸部）
③ 上腕動脈（肘窩中央のやや尺側側）
④ 橈骨動脈（手首内側の母指側）
⑤ 大腿動脈（鼠径部）
⑥ 膝窩動脈（膝の後ろ）
⑦ 足背動脈（足背部）

図3-1　脈拍触知部位

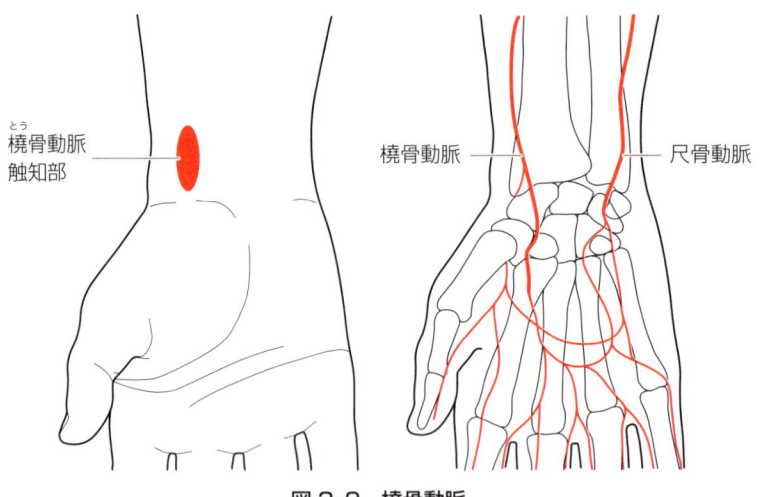

図 3-2　橈骨動脈

(2) 脈拍の調整
脈拍は，心拍が基になっており，心拍の調節は延髄にある心血管中枢によって自動的に調節されています。

(3) 脈拍を変動させる因子
脈拍は，運動，入浴，睡眠，ストレス，心疾患や甲状腺などの疾患などで変動することがあります。発達段階によっても違いがあります。

(4) 脈拍の値について

表3-3　発達段階と脈拍の基準値

発達段階	基準値
新生児	120～140 回/分
乳児	100～120 回/分
1～2歳	90～100 回/分
2～3歳	80～100 回/分
学童期	70～90 回/分
13～20歳	70～80 回/分
成人期	60～80 回/分
老年期	60～70 回/分

表3-4　脈の種類

脈の種類	説明
不整脈	不規則なリズムの脈　頻脈・徐脈
頻脈	100回/分以上
徐脈	50～60回/分以下
結代（結滞）	脈が1つ欠けたように触知される場合
硬脈	硬く緊張した脈
軟脈	緊張が弱く軟らかく触れる脈

2. 脈拍測定の方法

手順の例	根拠や留意点
（1）利用者に脈を測ることを説明する。	・運動，入浴後などは，脈拍を早めるため，安静な状態であることを確認し測定する。
（2）橈骨動脈に示指・中指・薬指を当て1分間脈拍を測定する。 橈骨動脈に沿って 3本の指を当てて脈拍を触知 1分間測定 脈拍の記録をする場合は，回数と脈が整っているか，リズム不整などがないかを記載する。 ●記録の例：脈拍　78回/分（整脈）●	・橈骨動脈は比較的拍動を感じやすいため，圧迫し過ぎる必要はないが，正確に触知するため，3本の指の腹をしっかり当てて測定する。
（3）異常な値の場合，自覚症状を確認し，必要時医療者に報告する。	・成人から老年期の人の脈拍の基準値は，60～80回/分である。

第3章　バイタルサインの測定

脈拍と呼吸の測定

呼吸測定

1. 呼吸に関する基礎知識
(1) 呼吸とは

呼吸とは，酸素と二酸化炭素の出し入れ（換気）をいいます。肺における酸素と二酸化炭素のガス交換の過程を外呼吸といい，全身の組織における酸素と二酸化炭素のガス交換の過程を内呼吸といいます。生物の生存には呼吸が不可欠です。

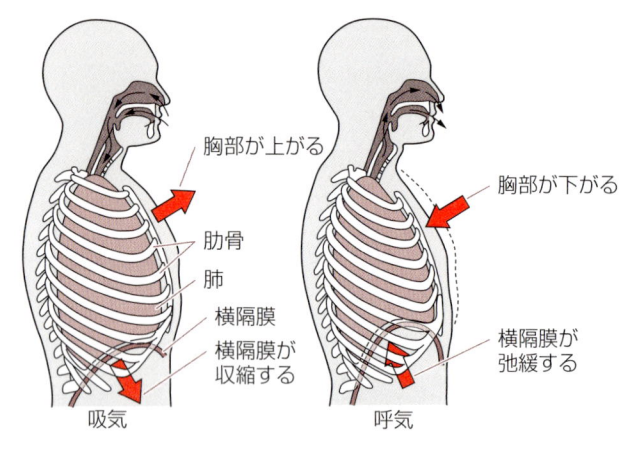

図3-3　呼吸に関わる器官

(2) 呼吸の調整

呼吸運動は，橋や延髄の呼吸中枢の働きによって調整されています。呼吸運動には，複数の骨格筋が関与しています。呼吸の型については，主に動かす部位によって胸式呼吸あるいは腹式呼吸といい，胸腹部同時に運動する場合は胸腹式呼吸といいます。呼吸は，意識していったん止めたり，数を増減させたりすることができます。

(3) 呼吸を変動させる因子

呼吸は，意識して一時的に変えられるほか，運動，入浴，睡眠，ストレス，呼吸器疾患などで変動することがあります。発達段階によっても違いがあります。

(4) 呼吸の値について

表3-5　発達段階と呼吸の基準値

発達段階	基準値
新生児	40～60回/分
学童期	20～35回/分
成人期～	16～20回/分

表3-6　呼吸の種類

呼吸の種類	説　明
徐呼吸，遅呼吸	9～12回/分以下
頻呼吸	25回/分以上
過呼吸	呼吸数は変わらないが，深さが増えた呼吸
起坐呼吸	肺うっ血時の呼吸困難を緩和するため，上体を起こして呼吸している状態
鼻翼呼吸	重篤な呼吸不全により鼻翼が動く状態
下顎呼吸	重篤な呼吸不全により下顎が動く状態

2. 呼吸測定の方法

手順の例	根拠や留意点
（1）脈拍測定に引き続き，1分間呼吸を測定する。 呼吸の記録をする場合は，回数の他，必要時には喘鳴（ぜいめい）や呼吸困難感などがないかを記載する。 ●記録の例：呼吸　16回/分●	・意識のある利用者の場合，意識させると呼吸数が変化するおそれがあるため，利用者に呼吸測定をする旨は伝えないで測定する。 ・吸気と呼気（胸・腹部の上がり下がり）の1セットを1回と数える。
（2）異常な値の場合，自覚症状を確認し，必要時医療者に報告する。	・成人から老年期の人の呼吸の基準値は，16〜20回/分である。

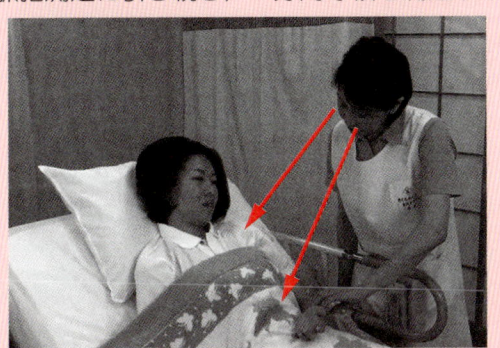

第3章　バイタルサインの測定

脈拍と呼吸の測定　107

6 経皮的動脈血酸素飽和度（SpO$_2$）の測定　参照

1．経皮的動脈血酸素飽和度に関する基礎知識

（1）経皮的動脈血酸素飽和度とは

　肺から取り込まれた酸素は，血中の赤血球に含まれるヘモグロビンと結合して動脈血として全身に運ばれます。パルスオキシメーター（サチレーションモニター）は光を利用して，血中の何％のヘモグロビンが，酸素と結合したヘモグロビンなのかを示す器械です。

　この器械で測定された値は，経皮的動脈血酸素飽和度（SpO$_2$）といいます。酸素（O$_2$）の飽和度（Saturation：サチュレーション）を脈拍動（pulsation）を利用し測るので，SpO$_2$（エスピーオーツー）と呼びます。

（2）経皮的動脈血酸素飽和度の基準値

　経皮的動脈血酸素飽和度の基準値は，95％以上です。

2．経皮的動脈血酸素飽和度の測定方法

●パルスオキシメーターの構造の例●

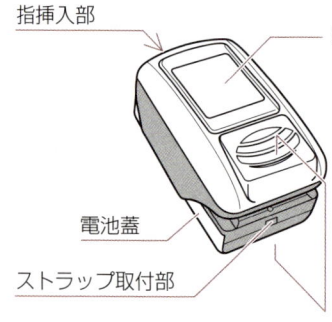

指挿入部
表示部：経皮的動脈血酸素飽和度（SpO$_2$）と1分間の脈拍数を表示
電池蓋
ストラップ取付部
クリップ部：つまむと指挿入部が開く

　パルスオキシメーターには種類がいくつかあります。
　本体につながるコードの先にプローブがある機種もあります。パルスオキシメーターのプローブには，クリップタイプやシールタイプのセンサーがあります。

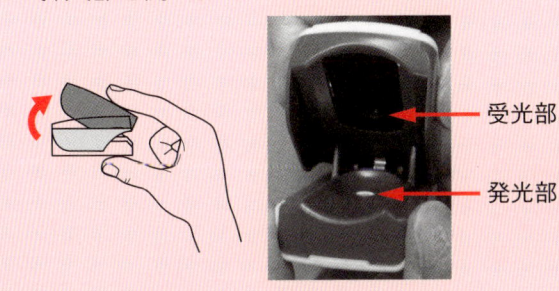

手順の例	根拠や留意点
（1）利用者に経皮的動脈血酸素飽和度を測ることを説明する。	
（2）パルスオキシメーターのクリップ部をつまみ，指挿入部を開く。 受光部 発光部	
（3）表示部側が爪側になるようにして装着する。 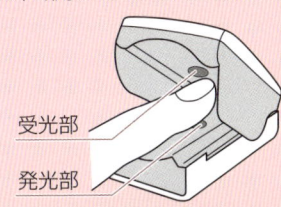 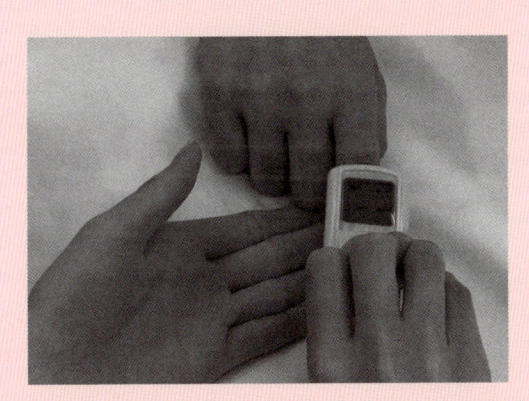 受光部 発光部	・内部の発光部と受光部で指を挟むように奥までしっかり指を挿入する。 ・指を挟むと自動的に電源が入り，測定が開始される。スイッチを入れて使用するものもある。 ・通常，利き手の人差し指または中指に装着する。麻痺がある場合は，麻痺のない指で行う。

経皮的動脈血酸素飽和度（SpO$_2$）の測定

手順の例	根拠や留意点
（4）測定値が表示されたら観察し，必要時測定値を利用者に伝える。 ・1分間の脈拍数 ・酸素飽和度 ●記録の例：SpO$_2$　98％●	・パルスオキシメーターには，SpO$_2$だけでなく，脈拍数も同時に表示される。
（5）異常な値の場合，自覚症状を確認し，必要時医療者に報告する。機器を片付ける。	・経皮的動脈血酸素飽和度の基準値は，95％以上である。90％以下は，呼吸の問題，低酸素状態が考えられ，酸素吸入の適応となる。 ・機器から指を取り外すと自動的に電源が切れる。スイッチを切るタイプのものは切る。

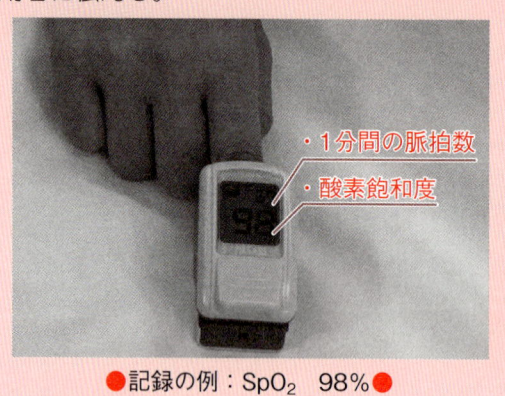

7 意識の観察

1. 意識とは
　意識とは，主体的な精神活動を意味しており，自分の今ある状態や周囲の状況などを正確に認識できている明晰な覚醒状態を「意識清明」といいます。意識障害は，意識混濁といいます。

2. 意識の観察
　意識を観察するための意識レベルのスケールや意識障害に関する用語について説明します。

(1) ジャパン・コーマ・スケール（Japan Coma Scale：JCS）
　ジャパン・コーマ・スケールは，日本で主に使用される意識障害の分類です。意識レベルを大きく3つに区分し，各区分をさらに3つずつに分け，合計で9つに分けるため，3-3-9度方式とも呼ばれます。
　数が多いほど重症度が高くなります。JCS Ⅲ-300 が最も重症です。
　記載する場合は，「JCS Ⅰ-1」というように表わします。JCS Ⅰ-1 に表現されている見当識とは，日時や場所，生年月日，年齢，職業など，現在自分の置かれている状況がわかる状態をいいます。わからない状態であれば，見当識障害があるということになります。

表3-7　ジャパン・コーマ・スケール

Ⅰ. 覚醒している	1 2 3	見当識は保たれているが意識清明ではない 見当識障害がある 自分の名前・生年月日がいえない
Ⅱ. 刺激に応じて一時的に覚醒する	10 20 30	普通の呼びかけで開眼する 大声で呼びかけたり，強く揺するなどで開眼する 痛み刺激を加えつつ，呼びかけを続けると辛うじて開眼する
Ⅲ. 刺激しても覚醒しない	100 200 300	痛みに対して払いのけるなどの動作をする 痛み刺激で手足を動かしたり，顔をしかめたりする 痛み刺激に対しまったく反応しない

(2) グラスゴー・コーマ・スケール（Glasgow Coma Scale：GCS）
　グラスゴー・コーマ・スケールは，イギリスのグラスゴー大学によって発表された意識障害の分類です。開眼・言語・運動機能の3分野に分け，各々をさらに区分しています。
　ジャパン・コーマ・スケールと違って，点数が小さいほど重症であり，深昏睡は3点，正常は15点です。
　記録例としては，「E＿点，V＿点，M＿点，合計GCS＿点」と表わす方法などがあります。

表3-8 グラスゴー・コーマ・スケール

「E」開眼機能 (Eye opening)	4	自発的に，またはふつうの呼びかけで開眼
	3	強く呼びかけると開眼
	2	痛み刺激で開眼
	1	痛み刺激でも開眼しない
「V」言語機能 (Verbal response)	5	見当識が保たれている
	4	会話は成立するが見当識が混乱
	3	発語はみられるが会話は成立しない
	2	意味のない発声
	1	発語みられず
「M」運動機能 (Motor response)	6	命令に従って四肢を動かす
	5	痛み刺激に対して手で払いのける
	4	指への痛み刺激に対して四肢を引っ込める
	3	痛み刺激に対して緩徐な屈曲運動（除皮質姿勢）
	2	痛み刺激に対して緩徐な伸展運動（除脳姿勢）
	1	運動みられず

(3) 意識障害に関する用語

意識障害の程度を表わす場合，以下のような言葉で表現することがありますが，実際にはJCSやGCSを用いて数値で表現することが多いです。

表3-9 意識障害に関する用語

せん妄 delirium	覚醒しているが見当識障害がある。錯覚，幻覚，無意味な言葉，暴れるなどの行動がみられる。
傾眠 somnolence	名前を呼んだり周囲からの刺激があれば覚醒するが，刺激がないとすぐ眠る状態。見当識障害がみられることがある。 昏蒙とほぼ同義。「嗜眠」よりも症状が軽い状態。
昏蒙 benumbness	軽度の意識低下がみられる状態。外部からの刺激に反応はするが，すぐにまた深く眠ってしまう。 「傾眠」と同義語。症状が進むと嗜眠，昏眠，昏睡となる。
嗜眠 lethargy	眠ったような状態。放っておくと眠ってしまい，刺激に対する反応も鈍く，強い刺激を与えないと，なかなか覚醒せず反応も鈍い状態。 「傾眠」より重い状態。過眠症ともいう。
昏迷 stupor	繰り返し強い刺激を与えるとやっと開眼する状態。簡単な動作はできる場合がある。
昏睡 coma	意識障害で最も重い状態。刺激にまったく反応せず，覚醒しない。 半昏睡（JCSではⅢ-100），昏睡（JCSではⅢ-200），深昏睡（JCSではⅢ-300，GCSで3点）と表現することもある。

※傾眠，昏迷，反昏睡は，Mayo Clinicの分類による用語である。

8 心肺蘇生法

　心肺蘇生法は，機能低下または停止した心肺機能の回復を図るための生命維持を目的とした手段をいいます。いかに早期に実施するかが予後を大きく左右します。

1. 一次救命処置

　一次救命処置とは，医師以外の人でも医療器具や薬品を使うことなく実施できる救命処置のことです。

① 周囲の安全確認。

② 利用者の意識の確認。意識があれば，利用者の楽な体位または，回復体位をとらせる。

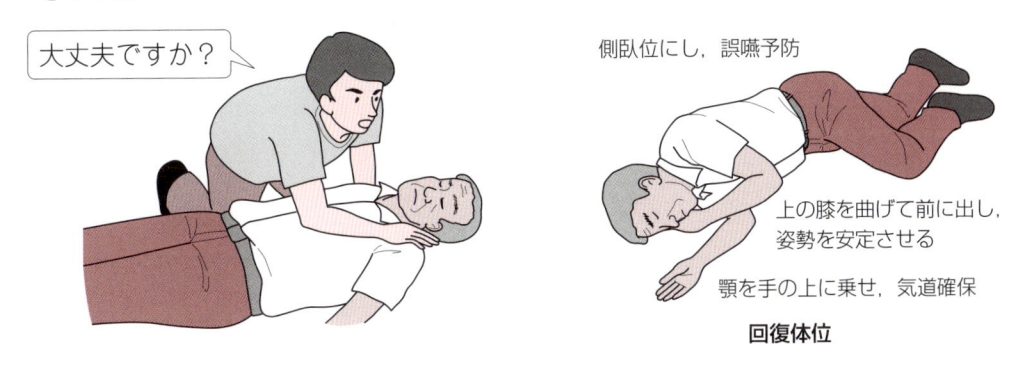

「大丈夫ですか？」

側臥位にし，誤嚥予防
上の膝を曲げて前に出し，姿勢を安定させる
顎を手の上に乗せ，気道確保

回復体位

③ 周囲の人への協力要請。
　1) 119番通報の依頼
　2) AED持参の依頼

「人が倒れています。誰か来てください」
「○さん，119番通報してください」
「△さん，AEDを持ってきてください」

④ 10秒以内に呼吸をしているか否かを確認。

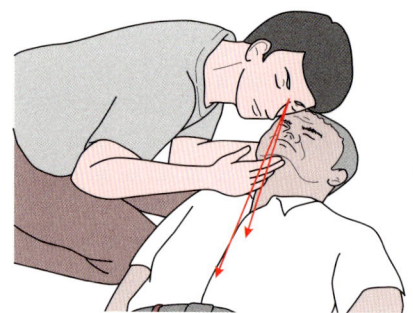

(1) 胸腹部が上下するのが見えるか
(2) 呼吸をする音が聞こえるか
(3) 息を感じるか

⑤ 呼吸をしていなければ30回の胸骨圧迫（心マッサージ）と2回の人工呼吸を繰り返す。胸骨圧迫は，約100回/分のペースで30回行う。

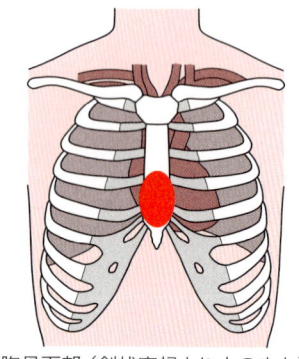

胸骨下部（剣状突起より上の赤丸）を圧迫

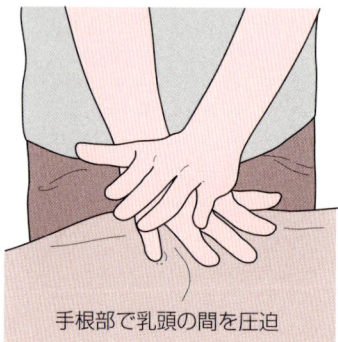

手根部で乳頭の間を圧迫

1, 2, 3, 4…30

利用者の体に対して上肢を直角に

●胸骨圧迫（心マッサージ）●

⑥ 胸骨圧迫後，間をおくことなく2回の人工呼吸を行う。薄いハンカチや一方弁マスクがあれば，口に装着して人工呼吸を行う。感染上の抵抗があれば，胸骨圧迫だけでも継続する。

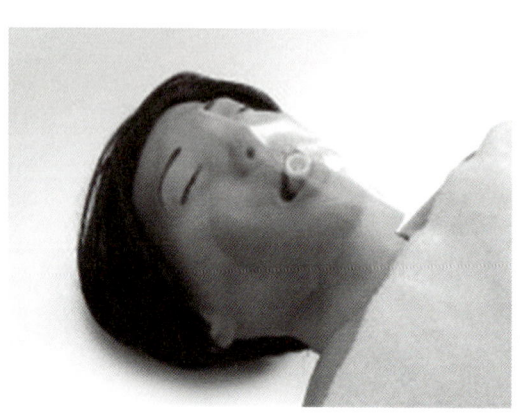

ふーっ，ふーっ

一方弁マスク（例）　協力：(株)高研

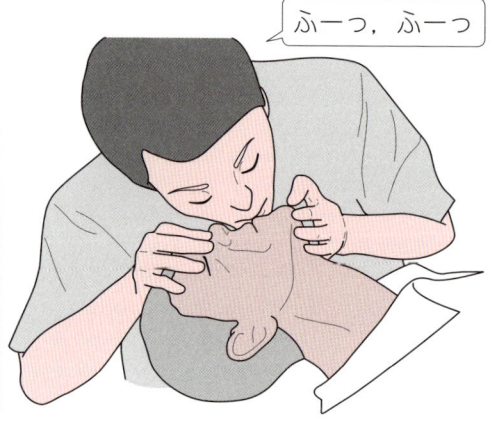

人工呼吸

⑦ AED*が到着したら，一人は⑤，⑥の心マッサージと人工呼吸を繰り返し，一人はAEDを操作する。

⑧ AEDの操作手順
　（1）電源スイッチを入れる。ケースを開けると電源が入るタイプもある。
　（2）ボタンを押す。
　（3）電極パッドを装着する。電極パットの装着部位については，パットの入っている袋に書いてある。
　（4）器械の音声から「心電図を解析しますので，体に触れないでください」と指示が出たら，胸骨圧迫をやめ利用者から離れる。周囲に人がいたら，「離れてください」という。
　（5）「ショックを実行します」の音声が聞こえると，心臓に電気が流れる（電気ショックの実施）。
　（6）音声指示「直ちに胸骨圧迫と人工呼吸をしてください」が流れる。

⑨ また⑤，⑥の30回の胸骨圧迫と2回の人工呼吸を繰り返す。

> **＊AED（エー・イー・ディー）とは**
>
> 　AEDとは，Automated External Defibrillatorの略で，日本語では「自動体外式除細動器」と訳されます。除細動器の一種で，動作が自動化されている器械です。AEDの電極パッドを装着すると自動的に解析が行われ，必要に応じて電気的ショックが実施されるしくみになっています。
> 　AEDの治療対象となるのは，生命にとって危険な不整脈である"心室細動"です。心室細動とは，心筋がけいれんし心臓から血液が全身に送り出せなくなる状態をいい，心室細動の唯一の治療がAEDです。このように心臓の細かな動きを治すための器械なので除細動器といいます。
> 　2003（平成15）年に医師の指示がなくても救急救命士が使用できるようになり，2004（平成16）年7月から一般市民も使えるようになりました。近年は，様々な公共施設に設置されています。

2. 気道の異物の除去

気道に異物が入った場合は，除去する方法として腹部突き上げ法や背部叩打法があります。

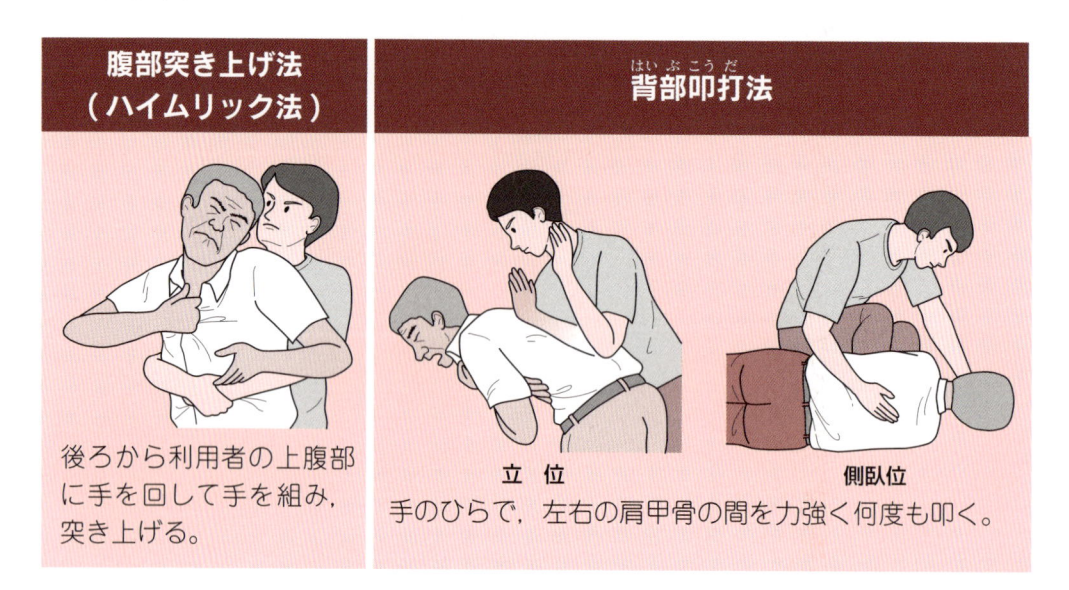

腹部突き上げ法（ハイムリック法）

後ろから利用者の上腹部に手を回して手を組み，突き上げる。

背部叩打法

立 位　　　　　　側臥位

手のひらで，左右の肩甲骨の間を力強く何度も叩く。

第4章 介護職に認められたケア

- ◎ 介護職に認められた医行為（特定行為）である「たんの吸引」と「経管栄養」………… *119*
- ◎ 医療・介護の連携 …………………………………… *121*
- ◎ 原則として医行為ではない行為 …………………… *121*
- ◎ 医薬品に関する介助6項目 ………………………… *122*
- ◎ 医行為に該当しないもの …………………………… *122*
- ◎ 軽微な切り傷・擦り傷・やけどの処置 …………… *124*
- ◎ 皮膚への軟膏の塗布（褥瘡の処置を除く）……… *126*
- ◎ 皮膚への湿布の貼付 ………………………………… *128*
- ◎ 点眼薬の点眼 ………………………………………… *131*
- ◎ 一包化された内服薬の内服介助 …………………… *133*
- ◎ 肛門からの坐薬挿入 ………………………………… *135*
- ◎ 鼻腔粘膜への薬剤噴霧 ……………………………… *137*
- ◎ 爪切り ………………………………………………… *139*
- ◎ 口腔内の刷掃・清拭 ………………………………… *143*
- ◎ 耳垢の除去 …………………………………………… *146*
- ◎ ストマ装具の交換・排泄物廃棄 …………………… *148*
- ◎ 自己導尿カテーテルの準備・体位保持 …………… *151*
- ◎ 市販のディスポーザブルグリセリン浣腸器を用いての浣腸 ………………………………………… *154*

第4章 介護職に認められたケア

介護職に認められた医行為（特定行為）である「たんの吸引」と「経管栄養」 ★

　原則，医行為（特定行為）は医師や看護師等の医療資格者に限定され，介護職は行うことができませんでした。しかし，高齢者や医療依存度の高い在宅療養者の増加など社会背景の変化により，家族と医療職者だけで医療的ケアを提供するには厳しい状況となり，日常生活の中で家族の負担も著しくなってきました。こうした社会背景の中で，「当面のやむを得ない必要な措置（実質的違法性阻却）」と位置づけ，医業の中の一部の医行為である，たんの吸引は介護職等が在宅や特別支援学校において，その後，経管栄養についても在宅以外の特別養護老人ホームなど福祉施設において行えるようになりました。

　そこで，「社会福祉士及び介護福祉士法」の一部改正が行われ，たんの吸引と経管栄養について，医師の指示の下，一定の条件を満たせば介護職における実施が認められ，2012（平成24）年4月1日から施行されました（p.3参照）。この制度の中では，介護職に認められた一定の行為を行う業務を「特定行為業務」または「喀痰吸引等業務」と呼びます。この特定行為を業務として行う者を「認定特定行為業務従事者」といいます。現在，介護職員等として事業者や施設に就業している場合に，都道府県知事の登録を受けた研修機関（登録研修機関）で研修を受け，修了した者が，「認定特定行為業務従事者認定証」の交付を受け，同じく都道府県に登録した事業者に所属して初めて業務を行うことができます（図4-1）。

　2012（平成24）年4月以前に実質的違法性阻却により，すでに特定行為を実施してきた介護職には研修修了と同等以上の知識と技能を有しているとし，都道府県知事から「認定特定行為業務従事者認定証」の交付を受け特定行為が実施できます（図4-2）。

　これから介護福祉士を目指す場合は，養成課程のカリキュラムの中で特定行為を学んでいくため，2015（平成27）年度以降の国家試験合格者は認定特定行為業務従事者とみなされることになります（図4-3）。

＊2015（平成27）年度より予定していた介護福祉士実務者研修の受講義務化と養成所の専門課程卒業の場合に国家試験合格を必須条件とする内容の見直しを1年延期することになった（平成26年3月3日社会・援護局関係主管課長会議資料）。

図4-1　現在，介護職員等として，事業者や施設に就業している場合

① 「喀痰吸引等研修」を受講します。(修了後「修了証明書証」が交付されます。)
登録研修機関

② 都道府県に「修了証明書証」を添付し『認定証』の申請を行います。
都道府県庁

③ 研修修了の旨等を確認した後『認定証』が交付されます。
都道府県庁

④ 医師の指示の下，看護師等と連携し，たんの吸引等の提供を行うことができます。
事務所・施設　対象者宅

『認定特定行為業務従事者認定証』
たんの吸引等の業務を行うための証明書です。(実施できる行為が記載されています。)

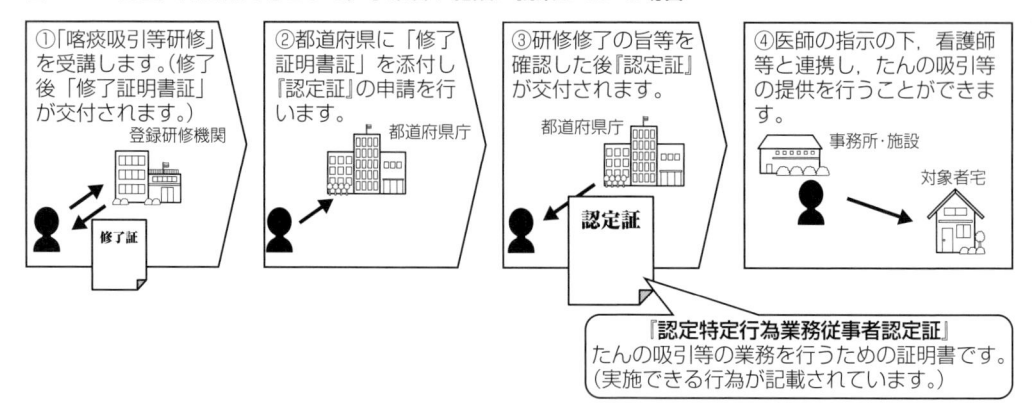

図4-2　現在，実質的違法性阻却通知に基づいて痰の吸引等の提供を行っている場合

① 都道府県に知識・技能を得ている旨の証明手続きを行います。
施設　特別支援学校　自宅　都道府県庁

② 都道府県で確認した後，『認定証』が交付されます。
都道府県庁

③ 認定された行為につき，医師の指示の下に，看護師等と連携して引き続き，たんの吸引等を行うことができます。
施設　特別支援学校　自宅

『認定特定行為業務従事者認定証』
たんの吸引等の業務を行うための証明書です。(実施できる行為が記載されています。)

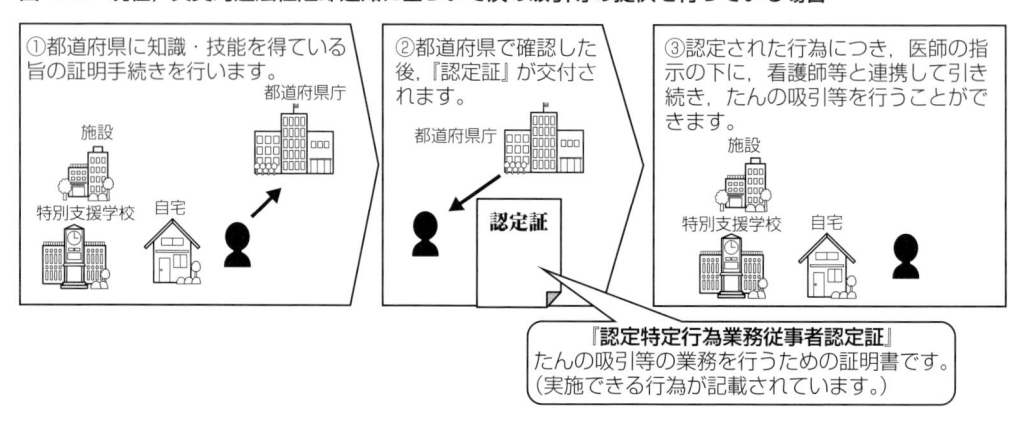

図4-3　これから介護福祉士を目指している場合

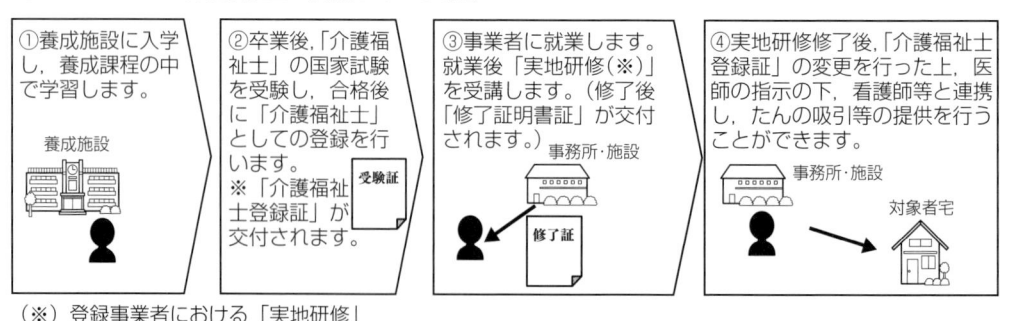

① 養成施設に入学し，養成課程の中で学習します。
養成施設

② 卒業後，「介護福祉士」の国家試験を受験し，合格後に「介護福祉士」としての登録を行います。
※「介護福祉士登録証」が交付されます。
受験証

③ 事業者に就業します。就業後「実地研修(※)」を受講します。(修了後「修了証明書証」が交付されます。)
事務所・施設　修了証

④ 実地研修修了後，「介護福祉士登録証」の変更を行った上，医師の指示の下，看護師等と連携し，たんの吸引等の提供を行うことができます。
事務所・施設　対象者宅

(※)登録事業者における「実地研修」
介護福祉士については養成課程において「実地研修」を修了していない場合，事業者において必要な行為毎に「実地研修」を行わなければならないことが義務づけられています。

医療・介護の連携 ★

　2005（平成12）年の厚生労働省通知では，「ある行為が医行為であるか否かについては，個々の行為の態様に応じ個別具体的に判断する必要がある」とされています。この内容から，医行為であるかは個々のケースにおいて判断が必要であると考えられ，医療者との連携が重要になってきます。また，利用者の体調に異常があった時や医行為にトラブルがあった時など緊急時の対応が必要な場合，そして「いつもと違う」と気づいた時にも医療者への報告・連絡・相談が大切になります。連携をスムーズに行うため，事前に連絡方法を確認しておくことと，普段から密に情報交換をし，信頼関係を作っておくことは利用者・介護職両者にとって安全で安心につながります。

　しかし，どんなに慎重を期していても，ヒヤリハットや事故が起きてしまう事はあります。報告書（**資料7**）を記載することで，事故原因の分析や事故防止，安全対策につなげるよう取り組んでいくことも大切です。

　特定行為を実施するまでの流れは，主治医から「介護職員等喀痰吸引等指示書」（**資料2，3**）を受け，利用者・家族を含め関係職種とのカンファレンスなどで情報共有をします。その利用者の担当介護職が「喀痰吸引等業務（特定行為業務）計画書」（**資料4**）を作成し，サービス担当責任者の承諾を得ます。その計画書を利用者・家族に説明し同意を得て（**資料5**），実施後の情報共有のため「喀痰吸引等業務（特定行為業務）実施状況報告書」（**資料6**）を作成，報告します。（➡巻末資料p.160～165参照）

原則として医行為ではない行為 ★

　厚生労働省は，2005（平成17）年7月の医政発第0726005号で「原則として医行為ではない行為」として，様々な条件付きで16項目を通知しました。

●原則として医行為ではない行為
※必ず以下の行為を行う前には手洗いの徹底と実施後には経過記録を書いておく。

1. 体温測定
2. 自動血圧測定での血圧測定
3. パルスオキシメータの装着
4. 軽微な切り傷，擦り傷，やけどへの処置
5. 軟膏の塗布
6. 湿布の貼付
7. 点眼薬の点眼
8. 一包化された内服薬の内服
9. 坐薬の挿入

10. 鼻粘膜への薬剤噴霧
11. 爪切り
12. 口腔清掃
13. 耳垢の除去
14. ストマ装具のパウチに溜まった排泄物の除去
15. 自己導尿
16. 市販のディスポーザブルグリセリン浣腸

医薬品に関する介助 6 項目

　皮膚への軟膏の塗布（褥瘡の処置を除く），皮膚への湿布の貼付，点眼薬の点眼，一包化された内用薬の内服（舌下錠の使用も含む），肛門からの坐薬挿入，鼻粘膜への薬剤噴霧

（医薬品の使用の介助に対しての前提条件）
　介護職員が医薬品の使用の介助ができる 3 つの条件
①対象者の方が，入院，入所して治療する必要がなく容態が安定していること
②薬の使用に関して医師や看護職員による連続的な経過観察が必要でないこと
＊副作用の危険性の有無や投薬量の調整などのためには専門的な観察が必要
③介助する医薬品の使用方法そのものについて専門的配慮が必要でない場合
＊例えば，内用薬の場合は誤嚥の危険性が高い人や，坐薬の場合は肛門からの出血の危険が高ければ，専門的な配慮が必要になります。

　医師，歯科医師または看護職員は，上記の条件を確認します。3 つの条件すべて満たしていたら，医薬品の使用の介助ができることになります。
・専門職でなくても介助できることを本人または家族が知っていることが必要。
・本人または家族の依頼があれば，処方された医薬品の服薬指導を受け，看護職員の保健指導，助言を守り介助することになります。

医行為に該当しないもの

1. 水銀体温計・電子体温計による腋下の体温計測，耳式電子体温計による外耳道での体温測定
2. 自動血圧測定器により血圧測定
3. 新生児以外で入院治療の不要な者へのパルスオキシメータの装着
4. 軽微な切り傷，擦り傷，やけど等について専門的な判断や技術を必要としない処置（汚物で汚れたガーゼの交換を含む）
5. 軟膏の塗布（褥瘡の処置を除く）
6. 湿布の貼付

7. 点眼薬の点眼
8. 一包化された内用薬の内服（舌下錠の使用も含む）
9. 坐薬挿入
10. 鼻腔粘膜への薬剤噴霧の介助

　また，通知では，医師法や歯科医師法，保健師助産師看護師法の規制対象外となる以下の6つの行為も明らかにしている。
1. 爪切り，爪ヤスリによるやすりがけ
2. 歯ブラシや綿棒，または巻き綿子などによる歯，口腔粘膜，舌に付着した汚れの除去
3. 耳垢の除去（耳垢塞栓の除去を除く）
4. ストマ装着のパウチにたまった排泄物の廃棄（肌に接着したパウチの取り替えを除く）
5. 自己導尿の補助としてのカテーテルの準備，体位の保持
6. 市販のディスポーザブルグリセリン浣腸器を用いた浣腸

軽微な切り傷・擦り傷・やけどの処置 ━━━━━━━━━━★

　高齢者の皮膚は薄く，温度や痛みの感じ方が低下していきます。そのため，少しの外力でも表皮がはがれるなど傷が生じやすく重症化します。介護職は，絆創膏を貼るなどの早めの処置が必要になります。

◆1 目　的

切り傷・擦り傷・やけどの回復を助ける。
※認知症など1人で傷の処置を行うことが困難な状況である場合に行う。

◆2 注意点

- 切り傷・擦り傷ができた場合，流水で傷口を洗い感染を防ぐ。
- 傷の大きさや深さ，出血，汚染状態を観察する。
- 滅菌ガーゼや絆創膏をはがす際は，かさぶたのはがれや再出血に気をつけて，ゆっくり行う。
- 出血している場合，傷口を清潔なガーゼなどで強く抑えて止血をする。
- 出血が止まらなかったり，腫れや痛みが強い場合は，医療者に連絡・相談をする。

◆3 必要物品

- 指示された薬，滅菌ガーゼ，絆創膏など

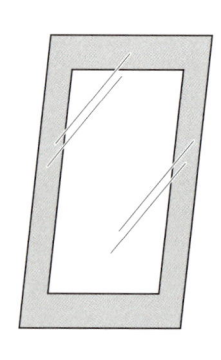

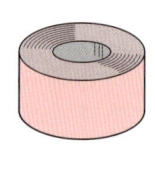

④ 手　順

①傷口や周囲の汚れを流水で洗い流す。
②傷口に清潔なタオルを当て，軽く叩くようにして吸水する。
③必要時，消毒や指示された外用薬を与薬し，滅菌ガーゼや絆創膏などを貼る。
④軽度のやけどの場合は，速やかに冷やす。手足の場合は水道水を出しっぱなしで，顔や頭の場合はシャワーで水をかけたり，保冷剤，タオルで包んだ氷で冷やす。
　※氷を直接患部に当てると，凍傷を起こすことがあるため注意する。

基礎知識

●低温やけど
- 「熱い」という自覚症状がないまま，低温でゆっくり皮膚の深部まで浸透していくため，重症化しやすい。
- 高齢者や糖尿病，脳卒中で感覚機能が低下している人は，低温やけどになりやすい。
- 使い捨てカイロ，湯たんぽ，こたつ，電気カーペット，電気毛布，ファンヒーターなどで低温やけどを起こしやすい。

●薬や疾患
- 抗凝固薬であるワルファリンの副作用は，血液を固まりにくくするため，傷から出血しやすくなる。
- 糖尿病は，足の感覚が鈍る神経障害が起こりやすいため，足に傷ができやすい。また，血液中の血糖が過剰であると，血流が悪くなったり免疫力が落ちるため，傷が治りにくくなる。

●実施できる条件
- 専門的な判断や技術を必要としない処置をすること。
- 汚染で汚れたガーゼの交換も含む。

第4章　介護職に認められたケア

軽微な切り傷・擦り傷・やけどの処置　　125

皮膚への軟膏の塗布（褥瘡の処置を除く）　　　　★

　塗り方や量に注意し，皮膚の状態を観察しながら行います。特に高齢者は皮膚組織が弱くなっているため，気をつけます。また，褥瘡の処置のための軟骨塗布は，介護職には認められていません。

① 目 的

　消炎や鎮痛，痒みなどの症状軽減や湿疹など皮膚疾患の治療が目的である。

② 注意点

- 軟膏の確認（薬剤名，使用目的・期限）と塗布の方法（使用量・回数，塗布の時間・部位など）を確認しておく。
- 塗布する前後の皮膚の観察を行う。必要時は，医療者に確認・連絡する。

③ 必要物品

- ディスポ手袋，医師に指示された軟膏かクリーム。

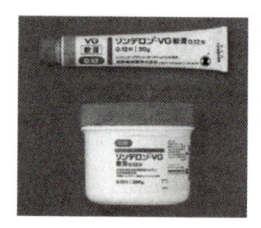

④ 手 順

① 皮膚の汚れや前回塗布した軟膏が残っている場合は温タオルで拭きとり，患部を清潔にする。
② ディスポ手袋を装着し，やさしく伸ばして患部に塗布する。その後，皮膚の状態や体調を確認する。

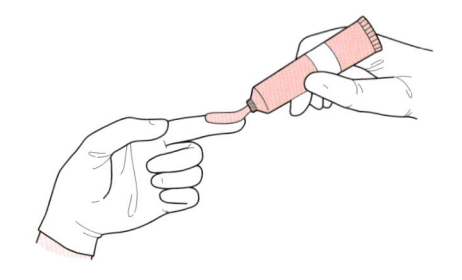

基礎知識

●皮膚の役割
- 健康な皮膚には角質の部分に感染防御機能があり，水分の蒸発や外からの刺激を防いでいる（バリア機能）。

●軟膏の効果
　軟膏は皮膚から薬剤を吸収し，直接患部に作用する。部位によって皮膚の厚みが異なるため，吸収の程度が違う。

●塗布の方法と種類

- 単純塗布法：軟膏を指腹にとり，患部に少量乗せ，薄く伸ばす。
- 重層塗布療法：軟膏を重ね塗りする。
- 密封療法：患部に軟膏を塗布し，その上からラップなどポリエチレンフィルムで覆って薬剤の吸収を高める。

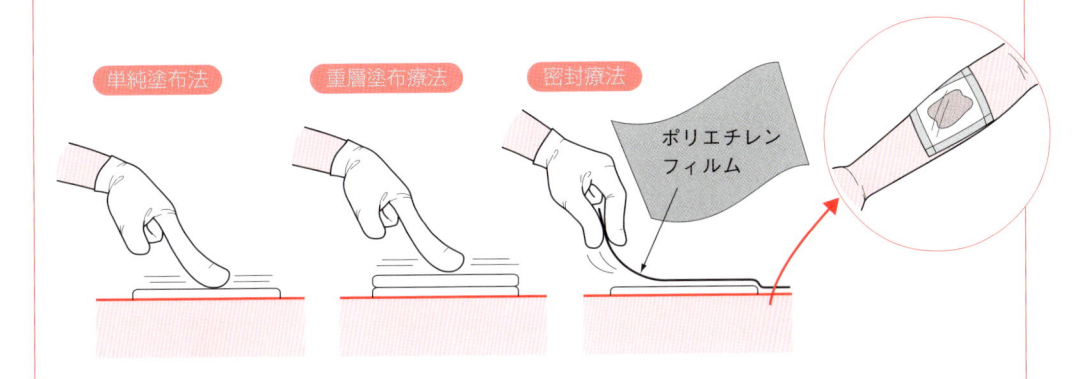

単純塗布法　　重層塗布療法　　密封療法

ポリエチレンフィルム

- ベタベタした油脂性基剤の塗り薬が「軟膏」，水と油を混ぜ合わせて作った乳剤性基剤の塗り薬が「クリーム剤」である。

軟　膏
油脂性基剤の塗り薬が「軟膏」で，ベタつきやすいが落ちにくい。

クリーム
水と油を混ぜ合わせて作った乳剤性基剤の塗り薬が「クリーム剤」で，のびがよく，ベタつかない。

●実施する条件

- 利用者が入院・入所して治療する必要がなく容態が安定していること。
- 副作用の危険性や投薬量の調整などのため，医師または看護職員による連続的な容態の経過観察が必要である場合ではないこと。
- 当該医薬品の使用方法そのものについて専門的な配慮が必要な場合ではないこと。
- 上記3つの条件を満たしており，医師や歯科医師または看護師の資格を有しなくとも，介助できることを本人や家族に伝えていること。
　　また，事前に本人や家族の具体的な依頼に基づいていること。さらに，医師の処方を受けている医薬品であること。

皮膚への軟膏の塗布（褥瘡の処置を除く）

皮膚への湿布の貼付 ★

　皮膚から吸収される貼り薬です。貼り方に注意し，薬効や皮膚の状態を観察しながら行います。貼り薬には，胸部などに貼る循環器系用剤がありますが，介護職が介助できるのは湿布に限られます。

① 目　的

炎症や痛みなどの症状を軽減させるなど様々な目的がある。

② 注意点

- しわにならないよう皮膚に密着させる。
- 皮膚の発赤やかぶれ，痒みなどの有無を観察する。また，貼付する場所を変えるようにする（ただし，原則として消炎や鎮痛のためのものは毎回ほぼ同じ位置に貼付することもある）。発赤などの皮膚症状が出たら，速やかに医療者へ連絡する。
- 皮膚が弱い人は，部位を変えたり早めにはがして皮膚を休ませる。はがす際は，一気にはがさず，端からゆっくりはがす。

③ 必要物品

- 湿布剤

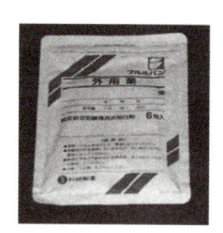

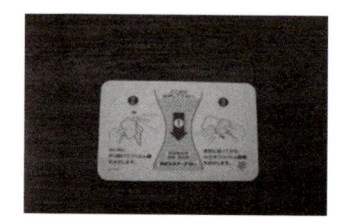

基礎知識

●皮膚への薬の吸収

　皮膚の下の組織内には血管がたくさんあり，その血管に薬剤が入り薬効が発揮される。

●冷湿布と温湿布の違い
- 冷湿布：冷やすことで皮膚の血管が収縮し，血行は緩やかになる。熱や腫れなど急性期の炎症を鎮め痛みをおさえる。
- 温湿布：温めることで皮膚の血管を拡張し，血行をよくし，筋肉の緊張をやわらげる。熱や腫れがひいた後の慢性期に効果的である。

●実施する条件
- 利用者が入院・入所して治療する必要がなく容態が安定していること。
- 副作用の危険性や投薬量の調整などのため，医師または看護職員による連続的な容態の経過観察が必要である場合ではないこと。
- 当該医薬品の使用方法そのものについて専門的な配慮が必要な場合ではないこと。
- 上記3つの条件を満たしており，医師や歯科医師または看護師の資格を有しなくとも，介助できることを本人や家族に伝えていること。
　また，事前に本人や家族の具体的な依頼に基づいていること。さらに，医師の処方を受けている医薬品であること。

④ 手　順

①利用者に説明し，湿布の種類や貼付の枚数・回数・時間，貼付する部位を確認する。
②貼付する部位の皮膚の観察を行う。皮膚が汗や水で濡れている場合は，十分に拭きとる。
③患部に湿布を貼付する。

⑤ 湿布の貼り方の工夫

　特にはがれやすい関節部へ貼付する際は，切れ目を入れたりカットするなど一工夫する。

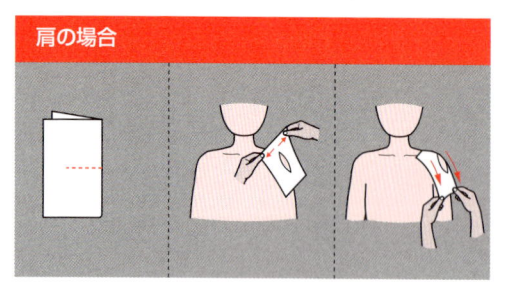

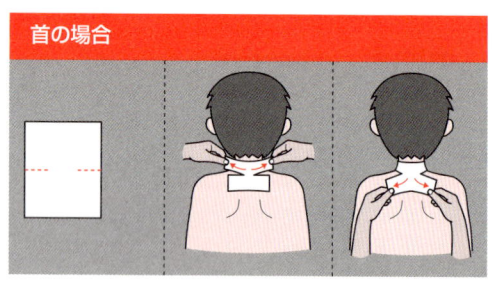

肩の場合

首の場合

肩や首の場合，横に切れ目を入れる。上半分を肩や首に貼った後，腕や背中にかけて斜め下に伸ばすようにして貼る。

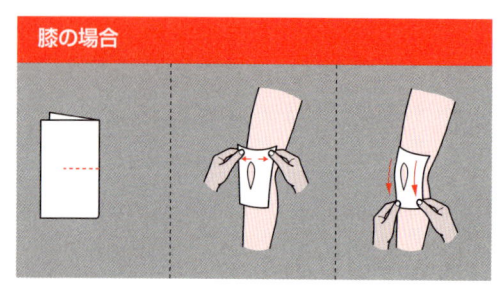

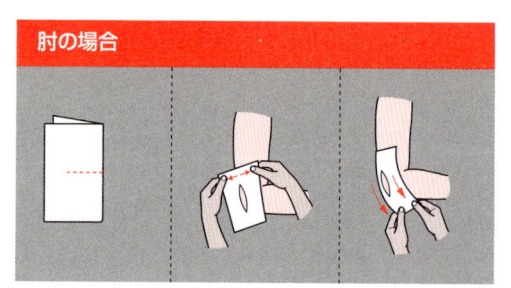

膝の場合

肘の場合

膝や肘などの関節の場合，湿布の真ん中に切れ目を入れ，曲げた関節の上の部分を上方に伸ばし，下の部分を下の伸ばすように貼る。

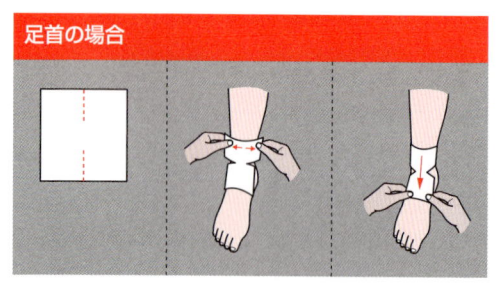

足首の場合

足首の場合，縦2か所に切れ目を入れ，曲げた関節の上の部分を上方に伸ばし，下の部分を下の伸ばすように貼る。

点眼薬の点眼

　高齢者は，白内障や緑内障など目の疾患や加齢に伴う機能低下により，点眼の機会が多くなります。また，自分で点眼をする動作が難しくなり，介助する機会も多くなります。正しく点眼を行い，点眼薬の効果を発揮させることが大切です。

1 目　的

充血や痒み，目やに，乾燥など目の症状の軽減や治療を行う。

2 注意点

- 点眼する眼の左右別と点眼薬の種類・使用期限，使用量や回数，保管方法など確認しておく。
  ＊目やにが多い場合は，清浄綿や蒸しタオルで温めてとるようにする。
- ２種類以上の点眼薬を使用する場合は，５分以上の間隔をあけて点眼する。
  ＊先に入れた薬が押し流されてしまうため，一番効果を期待する点眼を後にすることが多い。

3 必要物品

- 点眼薬，ティッシュペーパー

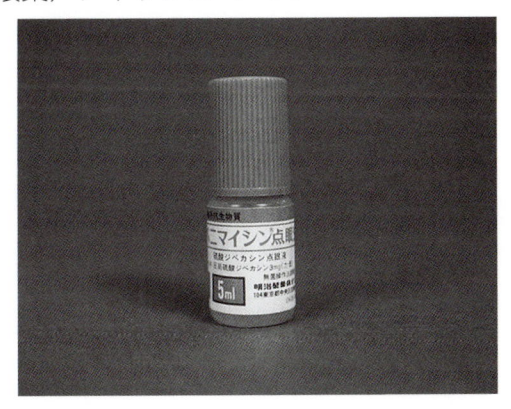

4 手　順

①点眼しやすく，利用者にも安楽な姿勢を整える。
②利用者に少し上を向いてもらい，上眼瞼（まぶた）を少し開き，下眼瞼を下に引いて，下眼瞼の中央に点眼を行う。このとき，点眼容器の先端が目のふちやまつげなどに当たらないよう注意する。
　＊指示がなければ，１滴落とす。

③静かに目を閉じてもらい，目頭を押さえる。
　※鼻涙管を通じて鼻のほうへ点眼液が流れ出ることを防ぐため。
④流れ出た点眼液はティッシュペーパーで拭きとる。
　※流れ出た点眼薬の成分により，まぶたなどに炎症を起こす可能性があるため。

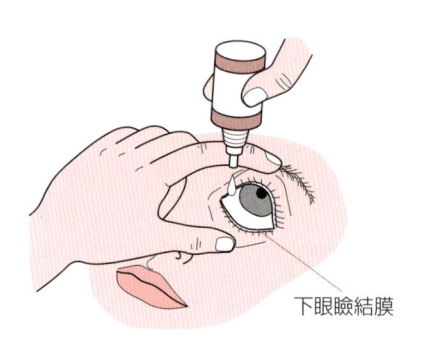

下眼瞼結膜

基礎知識
●**目の構造**
　点眼液は，涙と同じように目の表面やまぶたを潤しながら，目頭に集まり，目頭から鼻につながる管を通り，鼻そしてのどへ流れていく。

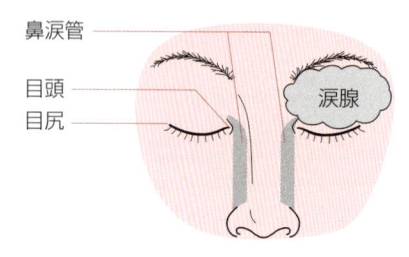

鼻涙管
目頭
目尻
涙腺

●**点眼薬の保存方法**
- 冷所保存や遮光保存など保管方法の指示がある場合は，それに従う。一般的には，直射日光を避け，なるべく涼しい場所に保管する。
- 開封後の使用期限は1か月程度が目安である。

●**実施する条件**
- 利用者が入院・入所して治療する必要がなく容態が安定していること。
- 副作用の危険性や投薬量の調整などのため，医師または看護職員による連続的な容態の経過観察が必要である場合ではないこと。
- 当該医薬品の使用方法そのものについて専門的な配慮が必要な場合でないこと。
- 上記3つの条件を満たしており，医師や歯科医師または看護師の資格を有しなくとも，介助できることを本人や家族に伝えていること。
　また，事前に本人や家族の具体的な依頼に基づいていること。さらに，医師の処方を受けている医薬品であること。

一包化された内服薬の内服介助 ★

　1回にいくつかの錠剤やカプセルなどを服用するときに，1回分をまとめてパック詰めにすることを一包化といいます。介護職は，薬が一包化されている場合に介助を行うことができ，また，舌下錠の介助も認められています。

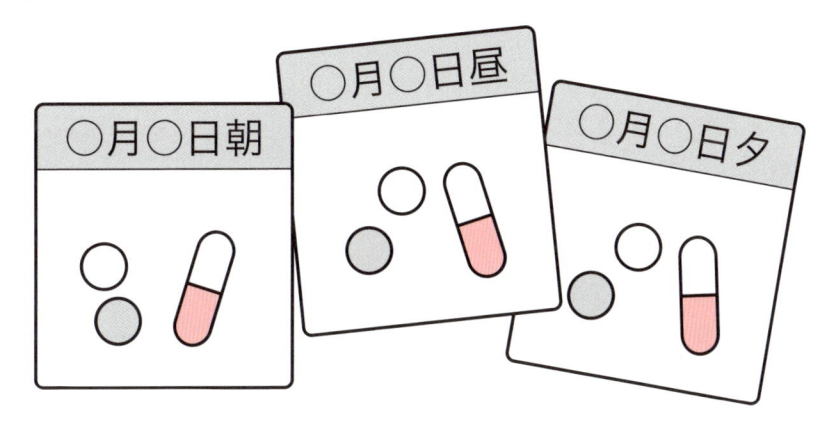

1 目　的

内服薬は，消化管の局所や全身に薬剤の作用を発揮する。

2 注意点

- 内服薬の作用や副作用，持続時間などを確認し，内服量や時間を守る。
- 内服薬には，錠剤・カプセル・散剤・顆粒剤など色々な形状がある。その薬剤の効果が最も発揮しやすい形状になっているため，処方された形状で内服の介助を行う。
  ＊利用者が薬を飲みにくい場合は，服薬ゼリーやオブラートに包むなどの工夫をするか，形状の変更を医療者に相談する（散剤は飲みにくいが錠剤なら飲めるなど）。
- 心臓や腎臓疾患がある場合，内服するための水分摂取量の確認が必要である。

基礎知識

●一包化のメリット

- 一包化は，多種類の内服薬の飲み忘れや飲み間違いの防止や，手が不自由で薬を被包から取り出して服用することが困難な人に配慮することができる。

●内服薬と飲み合わせ

- 内服薬の中には，飲食物との飲み合わせにより薬の効果に影響を及ぼすものがある。代表的なものは，グレープフルーツジュース・カフェイン・牛乳・お茶などによる効果の変化がある。特別な指示がなければ，水か白湯を準備する。

●舌下錠

- 舌下錠は，血管が豊富な舌の下で溶けて吸収され，肝臓の初回代謝を受けず心臓に届くため，1～2分で効果があらわれる速効性の薬剤である。噛んだり飲み込むと効果が減じるため，舌の下に入れて唾液で自然に溶かす。
- 狭心症の発作時に使用することが多く，舌下した後には胸痛など発作症状の変化や薬の効果を確認する。効果があらわれない場合は，医療者に報告する。

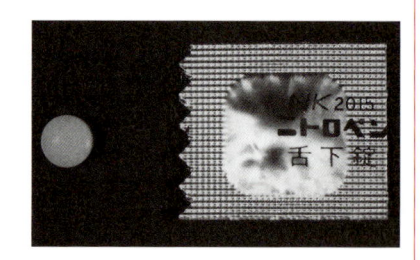

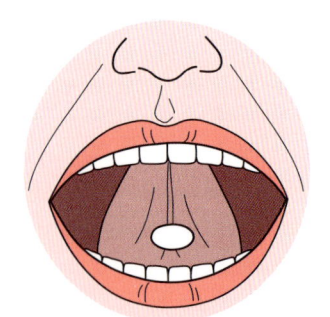

口が乾燥している場合は，少量の水で舌を湿らせ舌下に投与する。

●実施できる条件

- 利用者が入院・入所して治療する必要がなく容態が安定していること。
- 副作用の危険性や投薬量の調整などのため，医師または看護職員による連続的な容態の経過観察が必要である場合ではないこと。
- 内服については誤嚥の可能性など，当該医薬品の使用方法そのものについて専門的な配慮が必要な場合ではないこと。
- 上記3つの条件を満たしており，医師や歯科医師または看護師の資格を有しなくとも，介助できることを本人や家族に伝えていること。
　また，事前に本人や家族の具体的な依頼に基づいていること。さらに，医師の処方を受けている医薬品であること。

肛門からの坐薬挿入 ★

　坐薬は，固形の外用剤であり，体温で溶け，直腸や膣などの粘膜にある血管から吸収され肝臓の初回代謝を受けず，心臓に運ばれるため，内服薬に比べて効果が早くあらわれます。また，消化管を通らないため胃腸障害が少ないという特徴があります。介護職が行えるのは，肛門からの坐薬のみで，膣からの挿入はできません。

① 目　的

　発熱時の解熱鎮痛，吐き気止め，抗けいれんなど全身への作用や痔疾患での消炎，排便の促進などの局所への作用を目的とする。

② 注意点

- 坐薬は体温程度で溶けるため，冷蔵庫などの冷所で保管することが望ましい。
- 指示された量，サイズを確認して行う。
  ※半分量を使用する場合は，例えば50 mgを25 mgの処方に変えてもらうか包装のままはさみで斜めに切る。
- プライバシーに配慮する。

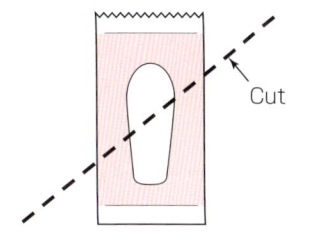

③ 必要物品

- 坐薬，ディスポ手袋，潤滑油（オリーブ油など），ティッシュペーパー，バスタオル

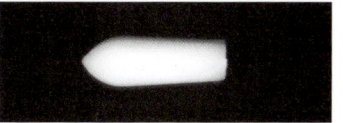

※ロケット状になった先の部分から挿入する

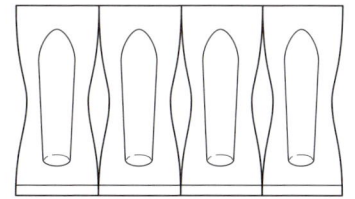

④ 手　順

① 事前に便意の有無を確認する。可能であれば排便をすませてもらう。
② できるだけ側臥位で膝を少し曲げてもらい，バスタオルで不必要な露出を避ける。
　＊病状や療養環境によって仰臥位の場合もある。
③ 坐薬を包装から取り出し，ティッシュペーパーなどに乗せて潤滑油（オリーブ油など）をつけ，肛門入口の肛門括約筋が緩むよう，口を開けて息をしてもら

い，腹部の力を抜くよう伝える。
④介護者は片方の手で肛門を軽く開き，もう片方の人差し指の第1関節以上を肛門から入れ，指先から坐薬が離れた感じがあるまで挿入できれば，肛門括約筋の奥に入ったと思ってよい。
⑤坐薬の排出を防ぐため，力まないよう声をかけ，肛門部にティッシュペーパーを当て，数分押さえ坐薬が出ていないことを確認する。
⑥適宜坐薬の効果を確認する。
　※排便促進の坐薬の場合は，利用者に適した方法で排便をしてもらい，反応便の量・性状・残便感の有無を確認する。
　※入れた坐薬が原型のまますぐに排出されてしまった場合は，再度挿入する。状況により，医療者へ連絡・報告する。

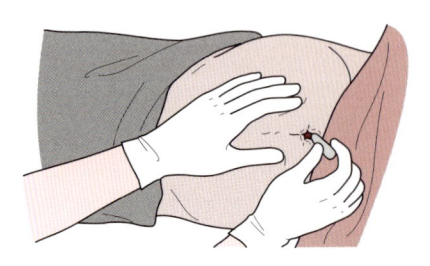

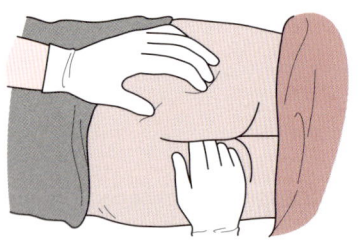

基礎知識
●肛門括約筋
　肛門入口には，肛門括約筋（内肛門括約筋と外肛門括約筋）があり，肛門から3～5cm位に挿入するとよい。

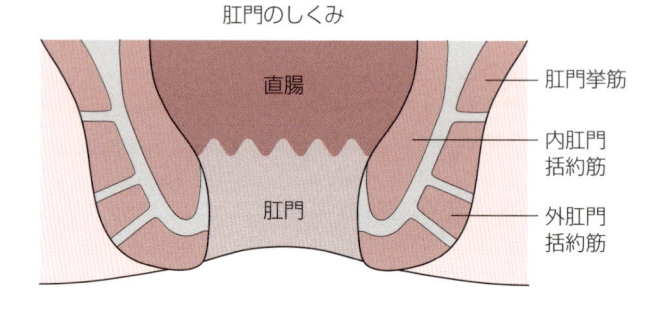

肛門のしくみ

直腸 ─ 肛門挙筋
　　　　内肛門括約筋
肛門 ─ 外肛門括約筋

●実施できる条件
- 利用者が入院・入所して治療する必要がなく容態が安定していること。
- 副作用の危険性や投薬量の調整などのため，医師または看護職員による連続的な容態の経過観察が必要である場合ではないこと。
- 坐薬については肛門からの出血の可能性など，当該医薬品の使用方法そのものについて専門的な配慮が必要な場合ではないこと。
- 上記3つの条件を満たしており，医師や歯科医師または看護師の資格を有しなくとも，介助できることを本人や家族に伝えていること。
　　また，事前に本人や家族の具体的な依頼に基づいていること。さらに，医師の処方を受けている医薬品であること。

肛門からの坐薬挿入

鼻腔粘膜への薬剤噴霧 ★

正しく点鼻して，よい効果を発揮させることが大切です。

① 目 的

薬剤を鼻腔粘膜から吸収させて効果を上げる。

② 注意点

- 薬剤の種類や使用回数・量などを確認して行う。
- 副作用の確認を行う。
- 始める前に，鼻をかんでもらい鼻の通気をよくしておく。

③ 必要物品

- 点鼻薬（最も多いのは，噴霧式のスプレータイプ），ティッシュペーパー
  ※薬液の入ったネブライザーの吸入は，個々の病状により異なる。専門的な管理が必要な場合と判断されることがあるため，医療者に相談をする。また，使用後の手入れは，利用者のやり方に準じて行う。

④ 手 順

①点鼻することを説明し，利用者の体位を整える。
②点鼻しないほうの鼻を軽く押さえ，軽く息を吸うよう声をかけながら，点鼻薬を噴霧する。
③軽く上向きの姿勢を数分とってもらう。
④容器の先端をティッシュペーパーで拭きとり，キャップをする。

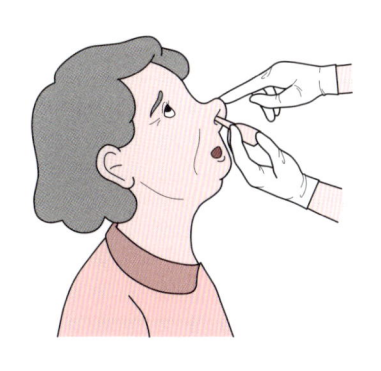

基礎知識

●点鼻薬の種類
- 噴霧は，薬剤を蒸気状にして，口腔や鼻腔内に吸入することであり，噴霧する器具には，ネブライザーや点鼻薬がある。
- 点鼻薬には，滴下するタイプとスプレー方式で噴霧するタイプがある。主に抗アレルギー薬（くしゃみや鼻水などアレルギー症状の軽減）や血管収縮薬（鼻の腫れをとり，一時的に鼻づまりを軽減），ステロイド薬（炎症を抑える）などがある。

●点鼻薬の副作用
　鼻局所の副作用として鼻刺激感や乾燥感，鼻出血などが時々みられることがある。また，使用し過ぎるとかえって症状が悪化する場合があるため，注意が必要である。

●実施する条件
- 利用者が入院・入所して治療する必要がなく容態が安定していること。
- 副作用の危険性や投薬量の調整などのため，医師または看護職員による連続的な容態の経過観察が必要ではないこと。
- 当該医薬品の使用方法そのものについて専門的な配慮が必要な場合ではないこと。
- 上記3つの条件を満たしており，医師や歯科医師または看護師の資格を有しなくとも，介助できることを本人や家族に伝えていること。
　　また，事前に本人や家族の具体的な依頼に基づいていること。さらに，医師の処方を受けている医薬品であること。

爪切り

爪は健康状態を知るうえでのバロメーターとなる大切な役割があります。高齢になると硬くなり，変形している場合もあるため注意が必要です。

① 目　的

- 伸びすぎた爪により皮膚を傷つけることを防ぐ。
- 爪が割れたり，巻き爪を防ぐ。
- 爪と皮膚の間の角質などの老廃物をためにくくし，水虫の原因菌である白癬菌・細菌が繁殖することを防ぐ。

② 注意点

- 入浴や手足浴後など，爪が軟らかくなったときに行うと切りやすくなる。
- 爪の形や厚さ，傷，痛みなどの有無を観察する。
- 切り過ぎないよう注意する。
- 必要に応じて，医療者に実施の可否を確認する。

③ 必要物品

ディスポ手袋，爪切り（ニッパー型爪切りや爪ヤスリなど必要に応じて選ぶ），ティッシュペーパーまたは新聞紙

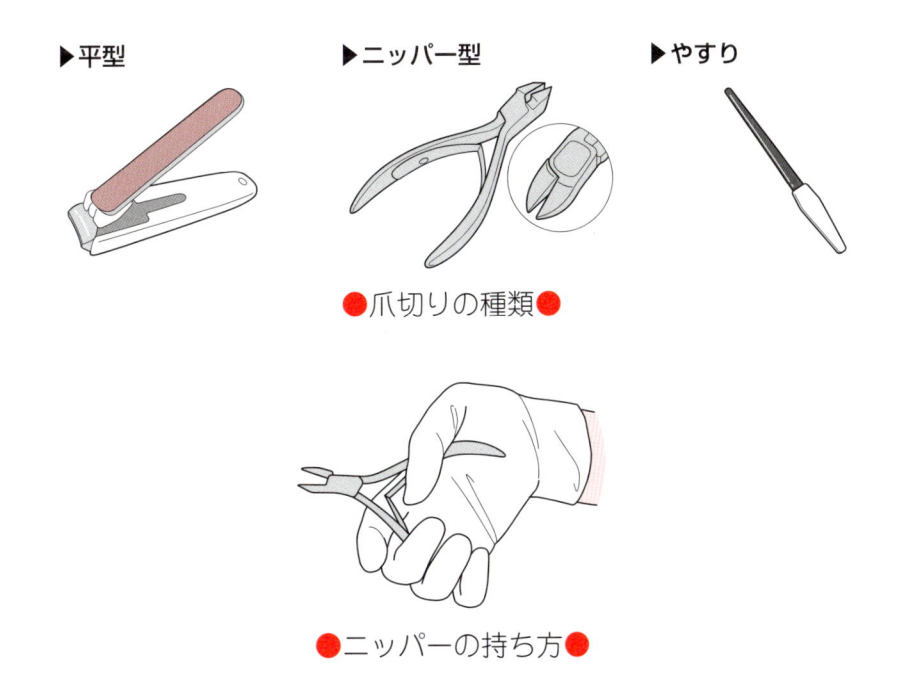

▶平型　　▶ニッパー型　　▶やすり

●爪切りの種類●

●ニッパーの持ち方●

④ 手　順

①爪切りすることを説明し，安楽な姿勢で行う。
　※爪を切る側に座ったり，座位をとってもらうなど。
②爪の状態を観察する。
③介護者の人差し指と親指で切る爪を持ち，指の腹を少し引き下げると，爪切りが入れやすい。その際，身をはさんでないか確認する。
④爪切りは，1回に広範囲を切ろうとせず，少しずつ切るようにする。
⑤深爪に注意して切る。爪は長すぎても，切りすぎてもいけない。

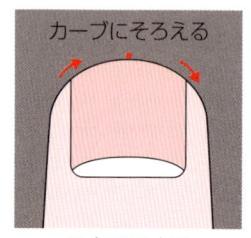

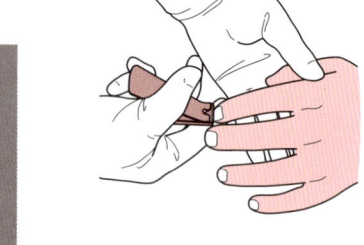

⑥角にヤスリをかける。
　順番は，往復させず一方向にかける。
　※角がとがっていると危険なので指の形に沿ってわずかに角を丸く整える。それをスクエアオフという。

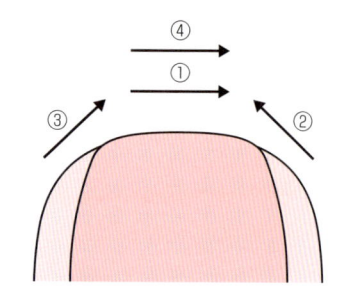

⑦切った爪はティッシュペーパーや新聞紙に包んで捨てる。
⑧必要時，使用した爪切りはアルコール綿などで消毒する。

> **医療者が行う場合**
> ・爪白癬や巻き爪，陥入爪など爪そのものに異常がある。
> ・爪の周囲の皮膚に化膿や炎症がある。
> ・白癬（水虫）菌に感染している。
> ・糖尿病などの疾患があり，傷つけてしまうと治りにくい事例の場合。

5 注意したい爪の種類

- 爪白癬（爪が黄白色，黄色に濁っていたり，厚くて硬くなったりする。水虫の原因となる白癬菌が爪に侵入した状態）

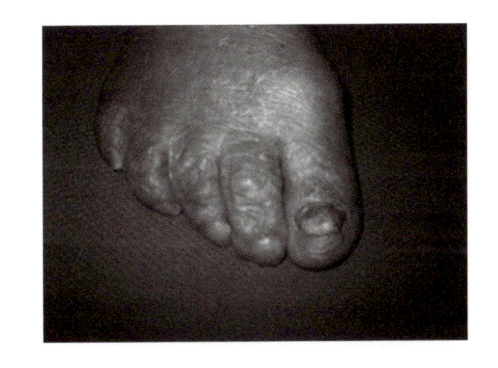

- 巻き爪（爪が内側に巻いた状態）

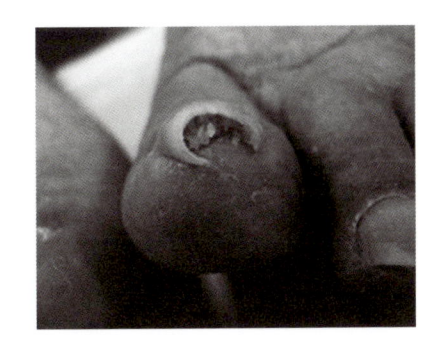

- 陥入爪（爪の端や先端が皮膚に食い込み，炎症を起こした状態。痛みを伴う）

基礎知識

●爪の役割
- 手の爪は小さい物をつかんだり，足の爪は安定して体を支え，歩行時に爪先に力を入れる働きを担うなど，爪は，手足の機能に欠かすことのできない大切な役割を果たす。
- 爪の伸びるスピードは，健康な成人で1日約0.1 mm程度。
- 爪は硬く，主成分はケラチンという繊維タンパク質からできている。

●実施する条件
- 爪そのものに異常がなく，爪の周囲の皮膚に化膿や炎症がない。
- 糖尿病などの疾患に伴う専門的な管理が必要でない場合に，その爪を爪切りで切ることおよび爪ヤスリでやすりがけをすること。

口腔内の刷掃・清拭 ★

利用者自身で歯磨きができない，経管栄養などで口から食事をとれない場合に行います。

① 目 的

- 口腔内の細菌の増殖を防ぎ，虫歯や歯周病，誤嚥性肺炎など全身疾患を防ぐ。
- 気分を爽快にして，食欲を増進させる。
- 口の中を刺激することにより，物を噛む力や飲み込む力やコミュニケーションの向上にもつながる。

② 注意点

- 口腔内の掃除を嫌がるときは，強制的に行わず時間を空ける。
- 麻痺がある場合は，嚥下反射の低下など誤嚥に注意する。
- 唇や口腔内の乾燥がひどい場合は，医療者に相談し保湿剤の塗布など工夫する。

③ 必要物品

- 歯ブラシ，タオル，ディスポ手袋，コップ，ガーグルベースン

④ 手 順

①口腔内の掃除を行うことを説明し，必要に応じて体位を選択し，姿勢を整える。（側臥位，座位など）
　※歩行が可能であれば，洗面所で行うとよい。
②口腔内の観察を行う。出血や舌の状態など。
③利用者の胸の下にタオルを敷き，洗面器やガーグルベースンを顔の近くに置く。
④うがいができれば，吸い飲みやコップで行ってもらう。
　※誤嚥の危険がある場合は，直接うがいは行わず，スポンジブラシなどに水をつけるか，またはガーゼを指に巻き，汚れを取り除く。
⑤歯ブラシまたはスポンジブラシでゆっくりと磨く。
　※スポンジの絞り方が緩いと水を飲んで誤嚥するため注意する。

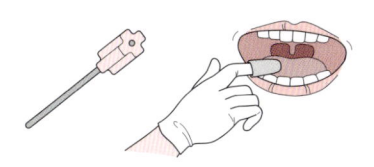

義歯の手入れの場合

　手袋をして，クラスプ（歯にかけるバネ）を上に引き上げるようにして，両手で丁寧に外す。
　義歯を落とさないよう洗面器に水を張り，流水下で歯磨き粉をつけずに磨く。

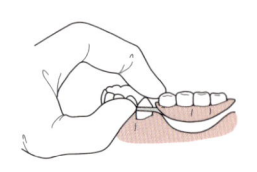

基礎知識

● 歯磨きの方法

1) 毛先が広がらない程度の軽い力（150～200 g）で磨く。
2) 毛先を歯面，歯と歯肉の間，歯と歯の間にきちんと当てる。

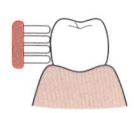

3) フォーンズ法でのブラッシング：歯ブラシを歯面に対し垂直に当て，円を描き磨く。

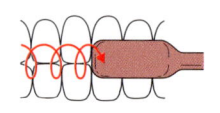

4) スクラッピング法でのブラッシング：歯ブラシを歯面に対し垂直に当て，小刻みに動かす。小刻みとは，5～10 mm を目安に 1～2 歯ずつ磨くのが目安。

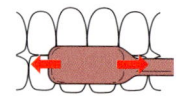

5) バス法でのブラッシング：歯ブラシを歯軸に対し 45°で当てて磨く。

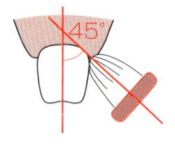

● QOL を高める

- 口腔ケアには，細菌の増殖を防ぐなどのほか，口腔機能の維持・向上も目的の1つである。そのために，嚥下体操や口腔周囲筋ストレッチなどがある。
- 自分の口で食事ができることは，豊かな生活を送ることにもつながっていくため，口腔ケアは重要なケアである。

●嚥下体操

❶姿勢 
リラックスして腰掛けた姿勢をとる。

❷深呼吸 
お腹に手を当てて，ゆっくり深呼吸する。

❸首の体操
ゆっくり後ろを振り返る。左右とも行う。
耳が肩につくように，ゆっくりと首を左右に倒す。
首を左右にゆっくりと1回ずつ回す。

❹肩の体操
両手を頭上に挙げ，左右にゆっくりと下げる。
肩をゆっくりと上げてからストンと落とす。
肩を前から後ろ，後ろから前へゆっくりまわす。

❺口の体操
口を大きく開けたり，口を閉じて歯をしっかり噛み合わせたりを繰り返す。
口をすぼめたり，横に引いたりする。

❻頬の体操 
頬をふくらましたり，口をすぼめたりする。

❼舌の体操
舌をベーと出す。口の両端をなめる。
舌をのどの奥の方へ引く。
鼻の下，顎の先に舌を動かす。

❽発音の練習 
「パ・ピ・プ・ペ・ポ」「パ・タ・カ・ラ」をゆっくり，はっきり，繰り返し言う。

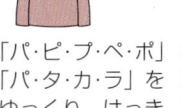

❾咳ばらい 
お腹を押さえてエヘンと咳ばらいをする。

●実施する条件

- 重度の歯周病などがない場合の日常的な口腔内の刷掃・清拭において，歯ブラシや綿棒または巻綿子（けんめんし）などを用いて，歯や口腔粘膜，舌に付着している汚れを取り除き，清潔にすること。

第4章 介護職に認められたケア

口腔内の刷掃・清拭　145

耳垢の除去 ★

　耳垢を除去する場合は，耳の穴を傷つけないよう注意して行いましょう。介護職は，耳垢塞栓の状態では行いません。

① 目　的

- 耳垢を除去し，耳孔の清潔をはかり，耳垢による難聴を防ぐ。

② 注意点

- 傷や出血，耳だれ（耳漏）などの有無を観察する。
- 嫌がったり痛みを訴えた場合は，危険であるため無理に行わない。入浴時にタオルで軽く拭きとる程度にする。
- 耳垢が大きい場合など医療者に相談する。

③ 必要物品

- 耳かき（必要時，綿棒など）

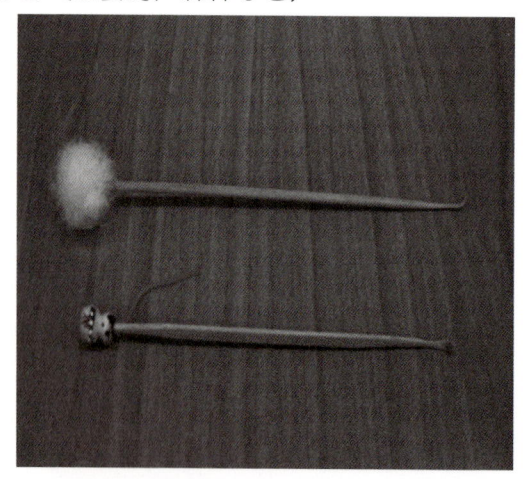

④ 手　順

①耳かきを行うことを説明し，姿勢を整える。
②耳の中の状態を確認する。
③外耳道が見えるよう，明るさを調節する。必要時はペンライトを使用する。
④力を入れず，やさしく耳かきや綿棒で耳垢を掻き出す。奥まで入れると，かえって耳垢を押し込むため注意する。

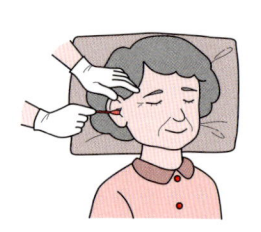

※挿入する場合は，耳の入り口から約 1 cm 以内の範囲で行う。
※乾燥時は，綿棒にオリーブ油を塗るととりやすくなる。
⑤使用後の耳かきは，アルコール綿で拭いておく。

基礎知識

●耳の構造
　耳は聴覚やからだのバランスをとる平衡感覚をつかさどっている重要な感覚器官であるため，障害を受けると音が聞こえなくなったり真っ直ぐ立っていられなくなる。

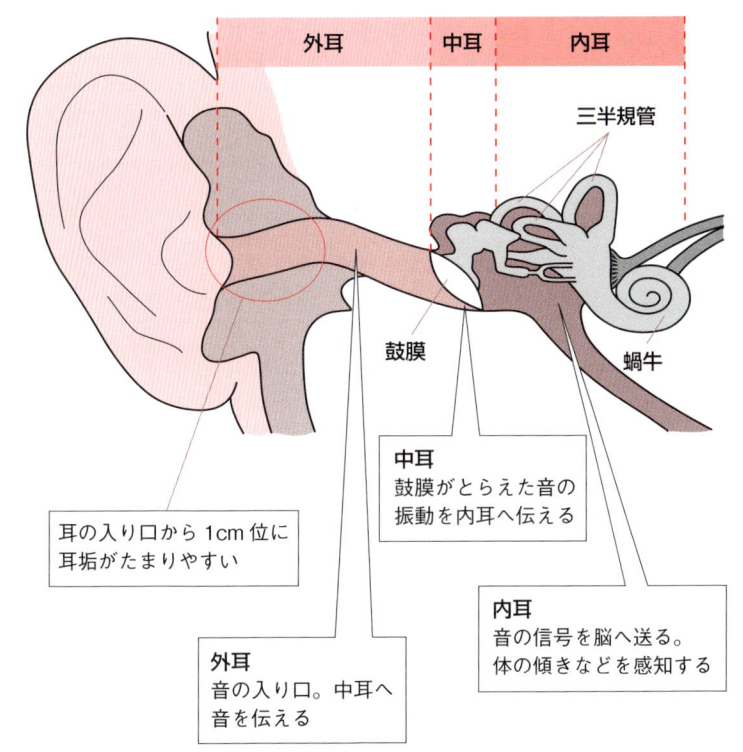

外耳　中耳　内耳

三半規管

鼓膜

蝸牛

耳の入り口から 1cm 位に耳垢がたまりやすい

中耳
鼓膜がとらえた音の振動を内耳へ伝える

外耳
音の入り口。中耳へ音を伝える

内耳
音の信号を脳へ送る。体の傾きなどを感知する

●耳　垢
　空気中のほこりや皮膚の残骸などがたまったもの，外耳道の耳垢腺から出る分泌物が混ざったもの。乾性耳垢（乾燥した耳垢）と湿性耳垢（湿った耳垢）がある。

●実施する条件
　耳垢塞栓（耳垢が固まって外耳道が塞がれた状態）の耳垢除去は行わない。

ストマ装具の交換・排泄物廃棄 ★

　ストマとは，人工肛門，人工膀胱のことをいいます。高齢などにより自己管理が行えない場合は，介助が必要となります。
　ここでは，人工肛門について説明します。

1 目　的

　ストマ装具であるパウチ（ストマにつけて排泄物を溜める袋）の交換や排泄物の処理により，排便状況を把握し，ストマ周囲の皮膚障害を防ぐ。

2 注意点

- パウチが外れたり，ずれのないよう確実に装着する。
- ストマの周囲にかぶれや発赤・出血・ただれ・痛みなどの皮膚トラブルの有無を観察する。異常がみられたら，すぐに医療者に報告する。
- ストマは，排泄コントロールができないため，少しずつ便が排出される。パウチ交換のタイミングは医療者と相談する。

3 必要物品

- ストマ装具，ディスポ手袋，ティッシュ，ゴミ袋，はさみ，ガーゼ，40℃程度の微温湯の入った洗面器，石けん
  ※必要に応じて皮膚保湿剤，消臭剤など

　パウチには，面板と袋が一体になっているワンピース型と面板と袋が別々になっているツーピース型の2種類がある。排出口はクリップや輪ゴムで止めるタイプ，閉鎖型があり，その人や使用状況によって異なるため医療者と相談して準備する。

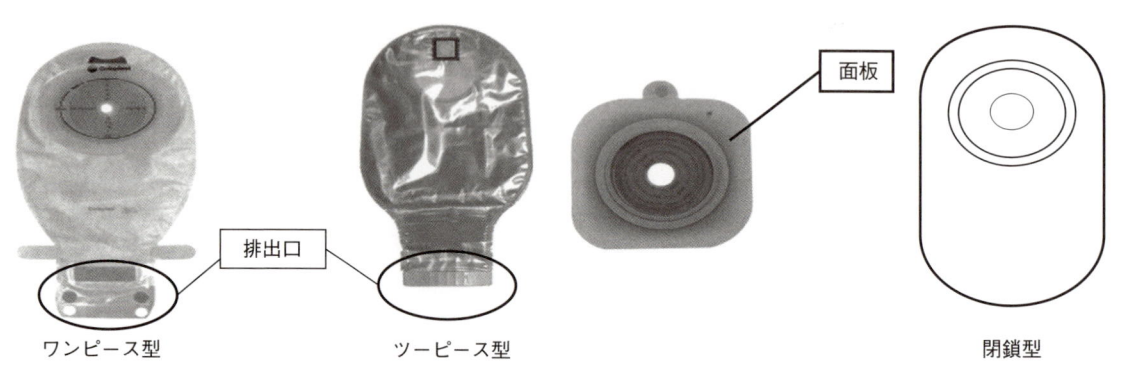

ワンピース型　　ツーピース型　　面板　　閉鎖型

出典：松浦信子/山田陽子著『快適！ストーマ生活』医学書院，2012，p.28～29 より転載

④ 手　順

☆ストマ装具の交換
①ディスポ手袋をして装着し，ツーピース型の場合，パウチを外した後面板をはがし，ワンピース型の場合は，パウチと一体になっている面板を上から下へとゆっくりはがす。その際，はがれにくいときは，微温湯でぬらしたガーゼやタオルで皮膚を押さえながらはがしてもよいし，専用の剥離剤を用いてもよい。
②ストマとストマの周囲に付着した便をティッシュで拭き取り，その後泡立てた石けんできれいに洗浄し，ぬれたタオルかガーゼで石けんを落とし水気をとる。ストマに傷がないか皮膚トラブルがないかを観察する。
③ストマの大きさにあわせて，面板を切る。
　※ストマより約1～2mm大きめに切る。その際ストマの大きさを測る型紙を利用してもよい。
④皮膚が乾いたらストマ周囲のしわを伸ばし，面板は皮膚に密着させるように貼る。
　※しわがある状態で貼ると，便が漏れたり面板がはがれやすくなるため気をつける。
　※面板の素材は粘着剤のみのもの，保護剤が使われているものがある。また面板の皮膚と接着する部分に，皮膚保護剤が使われていることがある。
　※ツーピース型の場合は，パウチは面板に対して，下から上へ向かってはめ込むように装着し，外れないかを確認する。
⑤排出口のあるパウチの場合，パウチの空気を抜いて，便排出口を閉じる。

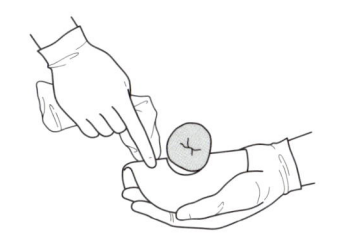

☆面板をはがさず，排出口から排泄物の処理を行うとき
①ディスポ手袋を装着し，便排出口を開ける。トイレで行う場合は，便器に向かって下ろし流す。ベッド上などの場合は，トイレットペーパーを入れたビニール袋に排泄物を開けて，トイレットペーパーと排泄物をトイレに流す。
②出口付近に付着した便はトイレットペーパーで拭き，クリップや輪ゴムなど利用者の状況に応じた方法で便排出口を閉じる。
　※人によってはパウチの中に消臭剤を入れる場合もあり，パウチに消臭剤がついているものもある。

基礎知識

●ストマとは

- ストマには，消化器ストマ（人工肛門）と尿路ストマ（人工膀胱）がある。
- 消化器ストマは，がんや腸閉塞などにより，自然排便ができない場合に，腸の末端を腹部に開口させた排泄口のことである。結腸をストマとするコロストミー①②③④と小腸の末端の回腸にストマを造るイレオストミー⑤がある。
- ウロストミーは，膀胱がんや外傷などにより，尿路が変更されたもので，回腸から排尿するものや尿路が腹部の出ているもの，腎・膀胱に留置されたカテーテルから排尿するものがある。

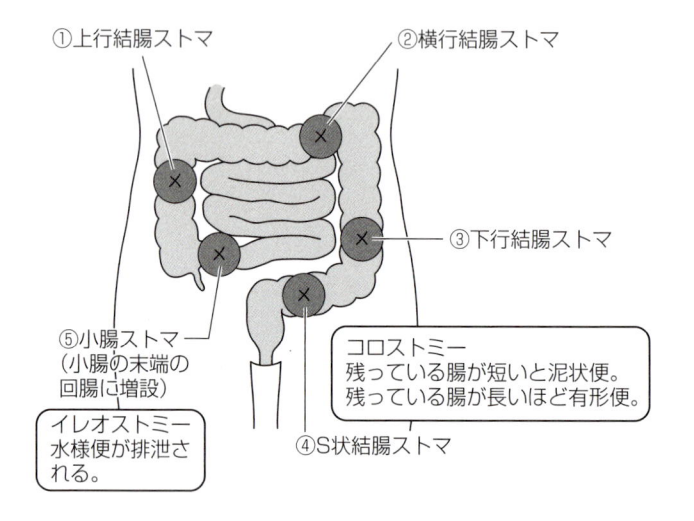

①上行結腸ストマ
②横行結腸ストマ
③下行結腸ストマ
⑤小腸ストマ
（小腸の末端の回腸に増設）
イレオストミー　水様便が排泄される。
コロストミー　残っている腸が短いと泥状便。残っている腸が長いほど有形便。
④S状結腸ストマ

●パウチについて

- ワンピース型は，面板と袋が一体になっているため，操作が簡単で袋が外れる心配がない。
- ツーピース型は，面板を皮膚に貼ったまま袋のみを交換することができる。

実施する条件

- 介護者は，ストマ装具のパウチに溜まった排泄物を捨てることができる。
- 専門的な管理が必要でないこと。
- 介護現場におけるストマ装具交換については，2005（平成17）年厚生労働省通知（医政発第0726005号）では，「肌に接着したパウチの取り替えを除く」と記載していたが，2011（平成23）年7月の見解では，「肌への接着面に皮膚保護機能を有するストーマ装具については，ストーマ及びその周辺の状態が安定している場合等，専門的な管理が必要とされない場合には，その剥離による障害等のおそれは極めて低いことから，当該ストーマ装具の交換は原則として医行為には該当しないもの」とした。

自己導尿カテーテルの準備・体位保持 ★

　スムーズに自己導尿が行えるよう，プライバシーに配慮しながらカテーテルの無菌的操作での受け渡しや尿の破棄，体位の保持を行いましょう。

① 目　的

　神経因性膀胱や脊髄損傷などで自然な排尿が行えない人が，自分で尿道口からカテーテルを膀胱に挿入して，その人にあった時間ごとに尿を排出することである。

② 注意事項

- 利用者の手技や手順が適切かを確認する。
- カテーテルは滅菌状態に保ち，感染を予防する。
- 尿の色や量，排尿時間，排尿時の痛みの有無などの観察とともに，発熱などの全身状態の観察も行う。

③ 必要物品

- カテーテル，消毒薬，潤滑油，清浄綿またはウェットティッシュ，ディスポ手袋

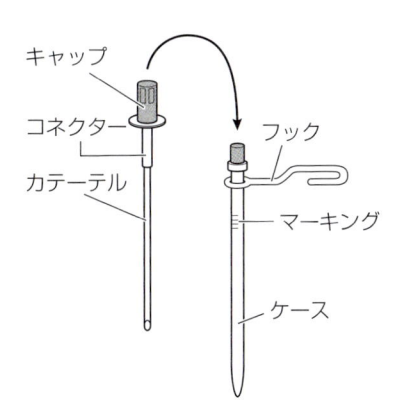

キャップ
コネクター
カテーテル
フック
マーキング
ケース

再利用型のカテーテル

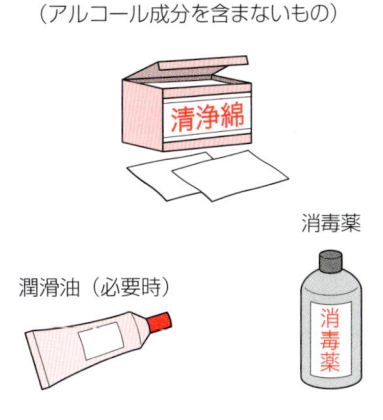

清浄綿またはウエットティッシュ
（アルコール成分を含まないもの）
清浄綿

潤滑油（必要時）
消毒薬

必要時尿器かカップ

◆④ 手　順

※利用者が実施できる場合を例に挙げて説明する。
①手を洗い，必要物品を取りやすい位置に整える。
②可能な場合，トイレの様式便器に座る。
　※介護者は，利用者の姿勢が安定していることを確認する。
　※無理であればポータブルトイレか，いすと尿器かカップ，またはベッド上に尿器かカップを準備する。尿測の指示があれば，尿器かカップを準備。
　※女性の場合，必要時鏡を置き，尿道口が見えやすいように工夫してもよい。
③陰部を清浄綿で拭く。
　清浄綿はゴミ袋（ゴミ箱）へ。

④カテーテル先端を不潔にしないようにして持ち，必要時潤滑油をつけ，利き手でカテーテルを持って尿道口から挿入する。
⑤便器またはポータブル便器，または尿器にカテーテルの排出口を向けて，尿を完全に排出させる。
⑥ゆっくりカテーテルを抜く。
⑦水道水でカテーテルを洗浄し，消毒液を満たしたケースに収納する。
⑧尿測の指示がある場合は，尿器内の量を確認後，尿をトイレに捨て，尿器は洗浄して片付ける。その他，必要に応じ尿の色，排尿時間，排尿時の痛みの有無なども観察する。

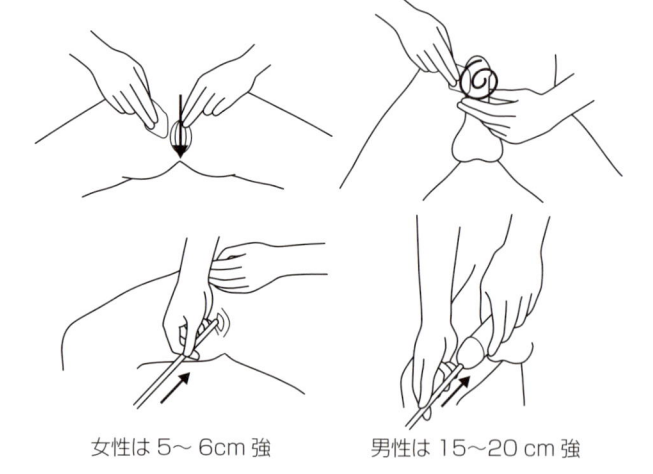

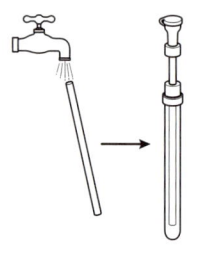

<女性>　　　　<男性>

女性は5〜6cm強　　男性は15〜20cm強

基礎知識

●排尿のしくみと泌尿器系器官の解剖

腎臓で作られた尿は，尿管を通り膀胱へ運ばれる。膀胱内に 200～300 mL の尿が溜まると，脳からの指令で尿意を感じ，膀胱内にたまった尿は，尿道から体外に排出される。

尿道の長さは，女性は 5～6 cm，男性は 15～20 cm である。

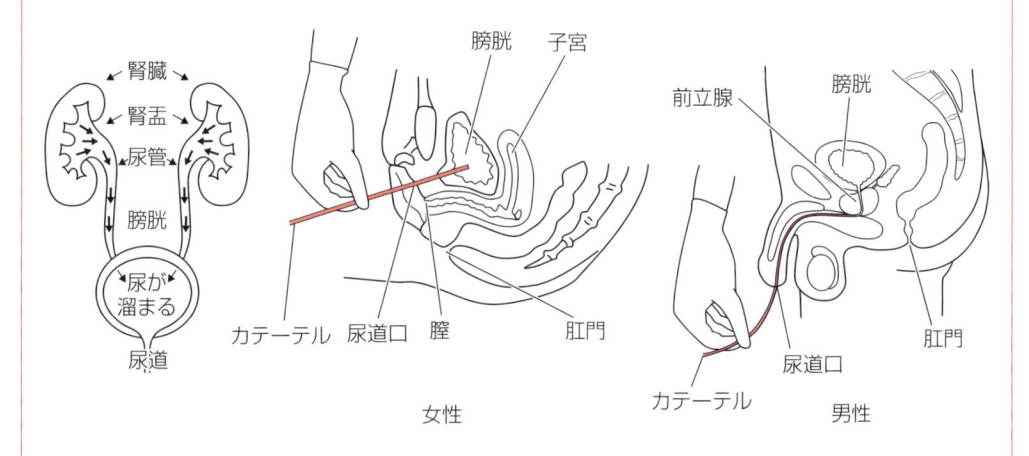

女性

男性

●自己導尿のメリット

- 自己導尿で尿を体外に出すことで，腎機能を守ることができる。
- 残尿をなくして，尿路感染を防ぐことができる。
- 膀胱機能を回復させることができる。
- オムツが不要になることがあるため，QOL が向上する。

●自己導尿の対象

- 前立腺肥大症や尿道狭窄などの病気による排尿障害
- 骨盤内臓器の手術による膀胱神経の損傷や脳梗塞・腰椎ヘルニア・脊髄損傷により脳からの指令や膀胱からの情報が伝達できなくなってしまう神経の障害による排尿障害

●実施する条件

- 自己導尿を補助するため，カテーテルの準備や体位の保持などが行えること。
- 専門的な管理が必要でないこと。

自己導尿カテーテルの準備・体位保持

市販のディスポーザブルグリセリン浣腸器を用いての浣腸 ──★

　介護職は市販の浣腸器を使用します。坐薬と同様，プライバシーに配慮して行います。

1 目　的

排便を促進する目的で，以下の場合が適応となる。
- 食物繊維や水分摂取量が少なく便が硬くなり排出しにくい場合
- 運動不足や寝たきりで，腸蠕動や腹筋が弱い場合や血圧が高く強くきむことを避ける場合
- 内服薬の副作用など排便がスムーズではない場合

2 注意点

- 浣腸は，便が一気に出るため血圧の変動を起こしやすく，心臓疾患のある人，高血圧の人などは注意が必要である。
- 腹痛や残便感などの観察を行う。

3 必要物品

- 指示された量の市販のグリセリン浣腸
　※潤滑油として浣腸器内のグリセリン液を使ってもよい

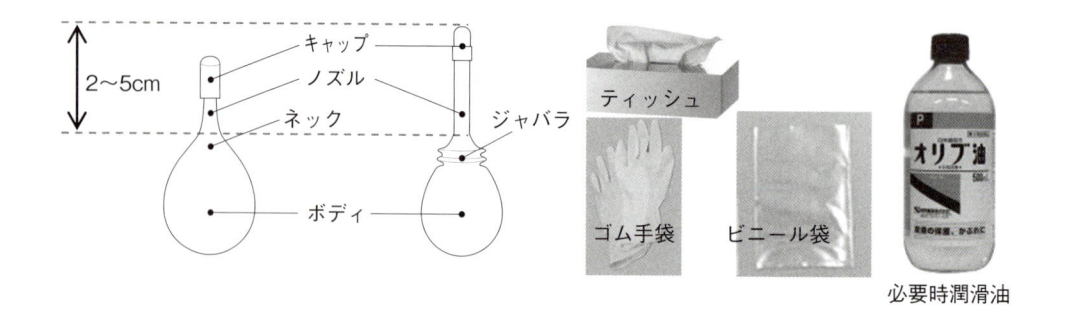

4 手　順

①利用者を左側臥位にする。左側臥位にするとＳ状結腸から　下行結腸が下向きの走行になるので，浣腸液が入りやすい。
②浣腸器のノズルの根元を持ち，キャップを外す。
③グリセリン液を少しだけ出してノズルを濡らし，潤滑油の代わりとする。また

は，ティッシュにオリーブ油をつけノズルに塗ってもよい。
④口を開けて楽に呼吸をするように伝え，ノズルを肛門から挿入する。
　ノズルの長さが約2〜5cmの物であれば，全て挿入しても直腸からS状結腸への移行部を傷つけることはない。ノズル・管の長い浣腸器の場合，7cm以上は入れないようにする。挿入が浅すぎると液が漏れてくることがあるため，肛門管の長さは越えた方がよい。
⑤液の入っているボディ部分を押しつぶしながら注入する。
⑥ボディを押しつぶしたまま肛門にティッシュを当てノズルを抜き，ビニール袋に捨てる。
⑦楽な体位にし，3〜10分間排便を我慢した後排便してもらう（我慢する時間はイチジク浣腸の説明書による）。
⑧反応便の量，残便感の有無などを確認する。

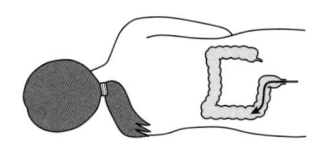

図4-4　浣腸時の体位

基礎知識

●浣　腸

　浣腸とは，肛門からグリセリンなどの薬液を注入し，腸を刺激し動きを活発にして，便を軟化，腸の内容物を膨張させて排便を促す方法である。

●グリセリン浣腸の作用

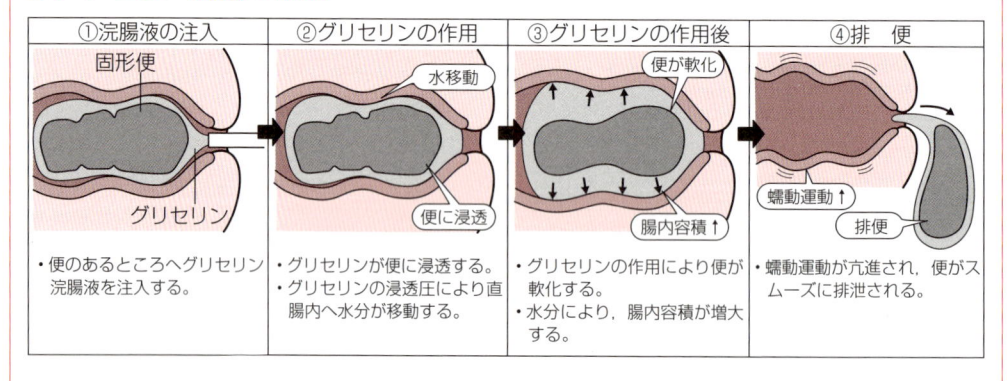

①浣腸液の注入	②グリセリンの作用	③グリセリンの作用後	④排　便
固形便／グリセリン	水移動／便に浸透	便が軟化／腸内容積↑	蠕動運動↑／排便
・便のあるところへグリセリン浣腸液を注入する。	・グリセリンが便に浸透する。 ・グリセリンの浸透圧により直腸内へ水分が移動する。	・グリセリンの作用により便が軟化する。 ・水分により，腸内容積が増大する。	・蠕動運動が亢進され，便がスムーズに排泄される。

●浣腸の禁忌

　腸管内出血や腹腔内炎症のある人，腸管に穿孔またはそのおそれのある人，体力が著しく低下している人，吐気，嘔吐または激しい腹痛など，急性腹症が疑われる人など

●便秘を防ぐ

- 適度な運動
- バランスのよい食生活
- 食物繊維を摂取する
- 生活リズムを整える　など

●実施する条件

- 市販のディスポーザブルグリセリン浣腸器を用いて浣腸すること。
- 挿入部の長さが5〜6 cm 程度以内。
- グリセリン濃度が50％である。
- 容量は，成人用40 g 程度以下，6〜12 歳未満の小児用の場合20 g 程度以下，1〜6 歳未満の幼児用の場合10 g 程度以下。
- 専門的な管理が必要でないこと。

資料1　厚生労働省通知「医師法第17条，歯科医師法第17条及び保健師助産師看護師法第31条の解釈について」

(2005（平成17）年7月26日付医政発第0726005号厚生労働省医政局長通知)

　医師，歯科医師，看護師等の免許を有さない者による医業（歯科医業を含む。以下同じ。）は，医師法第17条，歯科医師法第17条及び保健師助産師看護師法第31条その他の関係法規によって禁止されている。ここにいう「医業」とは，当該行為を行うに当たり，医師の医学的判断及び技術をもってするのでなければ人体に危害を及ぼし，又は危害を及ぼすおそれのある行為（医行為）を，反復継続する意思をもって行うことであると解している。

　ある行為が医行為であるか否かについては，個々の行為の態様に応じ個別具体的に判断する必要がある。しかし，近年の疾病構造の変化，国民の間の医療に関する知識の向上，医学・医療機器の進歩，医療・介護サービスの提供の在り方の変化などを背景に，高齢者介護や障害者介護の現場等において，医師，看護師等の免許を有さない者が業として行うことを禁止されている「医行為」の範囲が不必要に拡大解釈されているとの声も聞かれるところである。

　このため，医療機関以外の高齢者介護・障害者介護の現場等において判断に疑義が生じることの多い行為であって原則として医行為ではないと考えられるものを別紙の通り列挙したので，医師，看護師等の医療に関する免許を有しない者が行うことが適切か否か判断する際の参考とされたい。なお，当然のこととして，これらの行為についても，高齢者介護や障害者介護の現場等において安全に行われるべきものであることを申し添える。

1. 水銀体温計・電子体温計により腋下で体温を計測すること，及び耳式電子体温計により外耳道で体温を測定すること
2. 自動血圧測定器により血圧を測定すること
3. 新生児以外の者であって入院治療の必要がないものに対して，動脈血酸素飽和度を測定するため，パルスオキシメータを装着すること
4. 軽微な切り傷，擦り傷，やけど等について，専門的な判断や技術を必要としない処置をすること（汚物で汚れたガーゼの交換を含む。）
5. 患者の状態が以下の3条件を満たしていることを医師，歯科医師又は看護職員が確認し，これらの免許を有しない者による医薬品の使用の介助ができることを本人又は家族に伝えている場合に，事前の本人又は家族の具体的な依頼に基づき，医師の処方を受け，あらかじめ薬袋等により患者ごとに区分し授与された医薬品について，医師又は歯科医師の処方及び薬剤師の服薬指導の上，看護職員の保健指導・助言を遵守した医薬品の使用を介助すること。具体的には，皮膚への軟膏の塗布（褥瘡の処置を除く。），皮

膚への湿布の貼付，点眼薬の点眼，一包化された内用薬の内服（舌下錠の使用も含む），肛門からの坐薬挿入又は鼻腔粘膜への薬剤噴霧を介助すること

(1) 患者が入院・入所して治療する必要がなく容態が安定していること
(2) 副作用の危険性や投薬量の調整等のため，医師又は看護職員による連続的な容態の経過観察が必要である場合ではないこと
(3) 内用薬については誤嚥の可能性，坐薬については肛門からの出血の可能性など，当該医薬品の使用の方法そのものについて専門的な配慮が必要な場合ではないこと

注1　以下に掲げる行為も，原則として，医師法第17条，歯科医師法第17条及び保健師助産師看護師法第31条の規制の対象とする必要がないものであると考えられる。

(1) 爪そのものに異常がなく，爪の周囲の皮膚にも化膿や炎症がなく，かつ，糖尿病等の疾患に伴う専門的な管理が必要でない場合に，その爪を爪切りで切ること及び爪ヤスリでやすりがけすること
(2) 重度の歯周病等がない場合の日常的な口腔内の刷掃・清拭において，歯ブラシや綿棒又は巻き綿子などを用いて，歯，口腔粘膜，舌に付着している汚れを取り除き，清潔にすること
(3) 耳垢を除去すること（耳垢塞栓の除去を除く）
(4) ストマ装具のパウチにたまった排泄物を捨てること。（肌に接着したパウチの取り替えを除く。）
(5) 自己導尿を補助するため，カテーテルの準備，体位の保持などを行うこと
(6) 市販のディスポーザブルグリセリン浣腸器（※）を用いて浣腸すること
　※挿入部の長さが5から6センチメートル程度以内，グリセリン濃度50％，成人用の場合で40グラム程度以下，6歳から12歳未満の小児用の場合で20グラム程度以下，1歳から6歳未満の幼児用の場合で10グラム程度以下の容量のもの

注2　上記1から5まで及び注1に掲げる行為は，原則として医行為又は医師法第17条，歯科医師法第17条及び保健師助産師看護師法第31条の規制の対象とする必要があるものでないと考えられるものであるが，病状が不安定であること等により専門的な管理が必要な場合には，医行為であるとされる場合もあり得る。このため，介護サービス事業者等はサービス担当者会議の開催時等に，必要に応じて，医師，歯科医師又は看護職員に対して，そうした専門的な管理が必要な状態であるかどうか確認することが考えられる。さらに，病状の急変が生じた場合その他必要な場合は，医師，歯科医師又は看護職員に連絡を行う等の必要な措置を速やかに講じる必要がある。

　　　　　また，上記1から3までに掲げる行為によって測定された数値を基に投薬の要否など医学的な判断を行うことは医行為であり，事前に示された数値の範囲外の異常値が測定された場合には医師，歯科医師又は看護職員に報告するべきものである。

注3　上記1から5まで及び注1に掲げる行為は原則として医行為又は医師法第17条，歯科医師法第17条及び保健師助産師看護師法第31条の規制の対象とする必要があるものではないと考えられるものであるが，業として行う場合には実施者に対して一定の研修や訓練が行われることが望ましいことは当然であり，介護サービス等の場で就労する者の研修の必要性を否定するものではない。

　　　　　また，介護サービスの事業者等は，事業遂行上，安全にこれらの行為が行われるよう監督することが求められる。

注4　今回の整理はあくまでも医師法，歯科医師法，保健師助産師看護師法等の解釈に関するものであり，事故が起きた場合の刑法，民法等の法律の規定による刑事上・民事上の責任は別途判断されるべきものである。

注5　上記1から5まで及び注1に掲げる行為について，看護職員による実施計画が立てられている場合は，具体的な手技や方法をその計画に基づいて行うとともに，その結果について報告，相談することにより密接な連携を図るべきである。上記5に掲げる医薬品の使用の介助が福祉施設等において行われる場合には，看護職員によって実施されることが望ましく，また，その配置がある場合には，その指導の下で実施されるべきである。

注6　上記4は，切り傷，擦り傷，やけど等に対する応急手当を行うことを否定するものではない。

資料2　医師から事業者への文章による指示書

介護職員等喀痰吸引等指示書

標記の件について、下記の通り指示いたします。

指示期間（平成　　年　　月　　日～　　年　　月　　日）

事業者	事業者種別	
	事業者名称	

対象者	氏名		生年月日	明・大・昭・平　　年　　月　　日（　　歳）
	住所			電話（　　　）　－
	要介護認定区分	要支援（ １　２ ）　要介護（ １　２　３　４　５)		
	障害程度区分	区分1　区分2　区分3　区分4　区分5　区分6		
	主たる疾患(障害)名			
	実施行為種別	口腔内の喀痰吸引　・　鼻腔内の喀痰吸引　・　気管カニューレ内部の喀痰吸引 胃ろうによる経管栄養　・　腸ろうによる経管栄養　・　経鼻経管栄養		

具体的な提供内容

指示内容	喀痰吸引（吸引圧、吸引時間、注意事項等を含む）
	経管栄養（栄養剤の内容、投与時間、投与量、注意事項等を含む）
	その他留意事項（介護職員等）
	その他留意事項（看護職員）

（参考）使用医療機器等	1. 経鼻胃管	サイズ：＿＿＿＿Fr、種類：
	2. 胃ろう・腸ろうカテーテル	種類：ボタン型・チューブ型、サイズ：＿＿＿＿Fr、＿＿＿＿cm
	3. 吸引器	
	4. 人工呼吸器	機種：
	5. 気管カニューレ	サイズ：外径＿＿＿＿mm、長さ＿＿＿＿mm
	6. その他	

緊急時の連絡先
不在時の対応法

※1.「事業者種別」欄には、介護保険法、障害者総合支援法等による事業の種別を記載すること。
　2.「要介護認定区分」または「障害程度区分」欄、「実施行為種別」欄、「使用医療機器等」欄については、該当項目に○を付し、空欄に必要事項を記入すること。

上記のとおり、指示いたします。

平成　　年　　月　　日
機関名
住所
電話
（FAX）
医師氏名　　　　　　　　　　㊞

（登録喀痰吸引等（特定行為）事業者の長）　　殿

資料3　医師から事業者への文章による指示書（記入例）

介護職員等喀痰吸引等指示書

標記の件について、下記の通り指示いたします。

指示期間（平成 24年 10月 1日～ 24年 12月 31日）

事業者	事業者種別	介護保険
	事業者名称	○○訪問介護事業所

対象者	氏名	山田　太郎	生年月日	明・㊥・昭・平 13年 2月 1日（ 88歳）
	住所	東京都渋谷区神宮前5-8-2		電話（ 03 ）‥‥-‥‥
	要介護認定区分	要支援（ 1 2 ）　要介護（ 1 2 3 ④ 5 ）		
	障害程度区分	区分1　区分2　区分3　区分4　区分5　区分6		
	主たる疾患(障害)名	脳梗塞　　　　　　慢性気管支炎		
	実施行為種別	⦅口腔内の喀痰吸引⦆・　鼻腔内の喀痰吸引　・　気管カニューレ内部の喀痰吸引 胃ろうによる経管栄養　・　腸ろうによる経管栄養　・　経鼻経管栄養		

指示内容	具体的な提供内容
	喀痰吸引（吸引圧、吸引時間、注意事項等を含む） 必要時吸収，吸引時間は10～15秒間 吸引圧は20KPa以下
	経管栄養（栄養剤の内容、投与時間、投与量、注意事項等を含む）
	その他留意事項（介護職員等）　難聴があるのでゆっくり説明してください
	その他留意事項（看護職員）

(参考) 使用医療機器等	1. 経鼻胃管	サイズ：＿＿＿Fr、種類：
	2. 胃ろう・腸ろうカテーテル	種類：ボタン型・チューブ型、サイズ：＿＿＿Fr、＿＿cm
	3. 吸引器	小型吸引器 3WAY-750（ブルークロス）14Fr チューブ
	4. 人工呼吸器	機種：
	5. 気管カニューレ	サイズ：外径＿＿＿mm、長さ＿＿＿mm
	6. その他	

緊急時の連絡先　○○医院　（03）‥‥-‥‥
不在時の対応法　△△医院　（03）‥‥-‥‥

※1.「事業者種別」欄には、介護保険法、障害者総合支援法等による事業の種別を記載すること。
　2.「要介護認定区分」または「障害程度区分」欄、「実施行為種別」欄、「使用医療機器等」欄については、該当項目に○を付し、空欄に必要事項を記入すること。

上記のとおり、指示いたします。

　　　　　　　　　　　　　　　　　　　　　　　　　平成　24年　10月　1日
　　　　　　　　　　　　　　　　　　　　　　機関名
　　　　　　　　　　　　　　　　　　　　　　住所　‥‥‥‥‥‥
　　　　　　　　　　　　　　　　　　　　　　電話　（03）‥‥-‥‥
　　　　　　　　　　　　　　　　　　　　　　（FAX）（03）‥‥-‥‥
　　　　　　　　　　　　　　　　　　　　　　医師氏名　○○‥‥‥‥‥　㊞

（登録喀痰吸引等（特定行為）事業者の長）
　　　○○訪問介護事業所 ‥‥ 殿

巻末資料　161

資料4 個々の対象者の状況に応じ，医師の指示を踏まえた実施内容等を記載した計画書を作成

喀痰吸引等業務（特定行為業務）計画書

作成者氏名		印	作 成 日	H24年9月15日
承認者氏名①		印	承 認 日	H24年9月20日
承認者氏名②		印	承 認 日	

<table>
<tr><td rowspan="8">基本情報</td><td rowspan="4">対象者</td><td>氏　　　名</td><td colspan="2"></td><td>生年月日</td><td>S3年3月3日</td></tr>
<tr><td>要介護認定状況</td><td colspan="4">要支援（ 1　2 ）　　要介護（ 1　2　3　4　5 ）</td></tr>
<tr><td>障害程度区分</td><td colspan="4">区分1　　区分2　　区分3　　区分4　　区分5　　区分6</td></tr>
<tr><td>障　害　名</td><td colspan="4"></td></tr>
<tr><td colspan="2">住　　　所</td><td colspan="4"></td></tr>
<tr><td rowspan="3">事業所</td><td>事業所名称</td><td colspan="4"></td></tr>
<tr><td>担当者氏名</td><td colspan="4"></td></tr>
<tr><td>管理責任者氏名</td><td colspan="4"></td></tr>
</table>

	担当看護職員氏名	
	担当医師氏名	

<table>
<tr><td rowspan="10">業務実施計画</td><td>計 画 期 間</td><td>H24年9月21日～H24年12月21日</td></tr>
<tr><td>目　　　標</td><td>たんの吸引を必要最小限に行う。できるだけ口腔ケアにより唾液などは取り除く</td></tr>
<tr><td>実 施 行 為</td><td>実施頻度/留意点</td></tr>
<tr><td>口腔内の喀痰吸引</td><td>吸引チューブの挿入は咽頭の前までとする。</td></tr>
<tr><td>鼻腔内の喀痰吸引</td><td></td></tr>
<tr><td>気管カニューレ内部の喀痰吸引</td><td></td></tr>
<tr><td>胃ろう又は腸ろうによる経管栄養</td><td></td></tr>
<tr><td>経鼻経管栄養</td><td></td></tr>
<tr><td>結果報告予定年月日</td><td>H24年10月21日</td></tr>
</table>

資料5　利用者・家族の同意を得る

喀痰吸引等業務（特定行為業務）の提供に係る同意書

下記の内容について十分な説明を受け内容を理解したので，喀痰吸引等業務（特定行為業務）の実施に同意いたします。

喀痰吸引等（特定行為）の種別	㊀口腔内の喀痰吸引 鼻腔内の喀痰吸引 気管カニューレ内部の喀痰吸引 胃ろうによる経管栄養 腸ろうによる経管栄養 経鼻経管栄養
提供を受ける期間	H24年9月21日～H24年12月21日
提供を受ける頻度	3回/日
提供体制　事業所名称	渋谷訪問介護事業所
事業所責任者氏名	山田一郎
事業所担当者氏名	田中一子
担当看護職員氏名	渋谷訪問看護ステーション佐藤二子，鈴木三子
担当医師氏名	渋谷診療所　吉田二郎

同意日　　平成24年9月20日

　　　　　住　　所　　渋谷区神宮前5-8-2

　　　　　氏　　名　　山本　一子　㊞

　　　　　署名代行者
　　　　　　私は，本人の意思を確認し署名代行いたしました。
　　　　　　代行者住所　……………………………………………………
　　　　　　代行者氏名　……………………………………………………　印
　　　　　　本人との関係　…………………………………………………
　　　　　　事業所名　渋谷訪問介護事業所
　　　　　　事業所住所　渋谷区○○町△△
　　　　　　代表者名　　山田一郎　㊞

資料6 実施状況を記載した報告書を事業者が作成し医師に提出

喀痰吸引等業務（特定行為業務）実施状況報告書

基本情報	対象者	氏　　　名	山本一子	生年月日	S3年3月3日
		要介護認定状況	要支援（　1　2　）　　要介護（　1　2　3　4　⑤　）		
		障害程度区分	区分1　　区分2　　区分3　　区分4　　区分5　　区分6		
		住　　　所	渋谷区○○町△		
	事業所	事業所名称	渋谷訪問介護事業所		
		担当者氏名	田中一子		
		管理責任者氏名	山田一郎		
		担当看護職員氏名	佐藤二子，鈴木三子		

業務実施結果		実施期間	H24年9月21日～H24年9月30日		
		実施日 （実施日に○）	（喀痰吸引）平成　年　月 1　2　3　4　5　6　7 8　9　10　11　12　13　14 15　16　17　18　19　20　21 22　23　24　25　26　27　28 29　30　31	（経管栄養）平成　年　月 1　2　3　4　5　6　7 8　9　10　11　12　13　14 15　16　17　18　19　20　21 22　23　24　25　26　27　28 29　30　31	
		実施行為	実施結果	特記すべき事項	
	喀痰吸引	口腔内の喀痰吸引	唾液の吸引がほとんどである。たんは自己喀出可	口内炎がある	
		鼻腔内の喀痰吸引			
		気管カニューレ内部の喀痰吸引			
	経管栄養	胃ろう又は腸ろうによる経管栄養			
		経鼻経管栄養			

上記のとおり，喀痰吸引等の業務実施結果について報告いたします。

平成24年10月21日
事業者名　渋谷訪問介護事業所
責任者名　山田一郎　㊞

山本一子　殿

資料7 安全確保のための体制

喀痰吸引等業務（特定行為業務）ヒヤリハット・アクシデント報告書

報告者状況	事業所名称	渋谷訪問介護事業所
	介護職員氏名	山田一子
	管理責任者氏名	田中一郎
被報告者状況	事業所名称	渋谷訪問介護事業所
	連帯看護職員氏名	佐藤三子

発生日時	平成24年10月1日（月曜日） 　午前・**午後** 9時50分頃
発生場所	利用者宅 ☑ベッド上　□車椅子　□その他（具体的に　　　　　　　　　）
対象者	氏名：鈴木五子　　　（男・**女**）　年齢：84歳 当日の状況 37度の発熱があり、動作が緩慢な状態である。朝食は普段の1/3摂取した。

出来事の情報（1連の行為につき1枚）

行為の種類	【喀痰吸引】 ②人工呼吸器の装着の有無　□なし　□あり ②部位　　（☑口腔　　□鼻腔　　□気管カニューレ内） 【経管栄養】（□胃ろう　　□腸ろう　　□経鼻経管）
第1発見者 （○は1つ）	□記入者自身　□医師　☑家族や訪問者 □記入者以外の介護職員　□介護支援専門員　□その他（　　　　　　　） □連携看護職員 □連携看護職員以外の看護職員
出来事の 発生状況	※誰が、何を行っている際、何を、どのようにしたため、対象者はどうなったか。 介護職員が口腔内の吸引をするために、吸引チューブを口腔に挿入して吸引を始めたところ、利用者が急に横向きとなったため、吸引チューブが抜けて目に当たった。利用者は特に痛みは訴えなかったが、訪問介護員の帰宅後家族から目の痛みの報告があった。
医師への報告	☑なし　□あり
連携看護職員への報告	□なし　☑あり
出来事への対応	※出来事が起きてから、誰が、どのように対応したか。 訪問介護員から出来事発生時の情報を受けた訪問看護師が訪問して状態を観察し、流水で洗眼を行い様子を見て、家族から報告を受けることにした。
救急救命処置の実施	☑なし □あり（具体的な処置：　　　　　　　　　　　　　　　　　　　　　　）

出来事が発生した背景・要因	※なぜ、どのような背景や要因により、出来事が起きたか。 吸引チューブの扱いに気をとられ、利用者の状態観察や本人への声掛けを怠ったため、不意に体の向きを変えられたために発生した。 コミュニケーションが不十分であった。
（当てはまる要因を全て）	【人的要因】 □判断誤り　□知識誤り　☑確認不十分　☑観察不十分　□知識不足　□未熟な技術 □技術間違い　□寝不足　□体調不良　□慌てていた　☑緊張していた □思いこみ　□忘れた　□その他（　　　　　　　　　　　　　　　　　） 【環境要因】 □不十分な照明　☑業務の中断　□緊急時　□その他（　　　　　　　　　） 【管理・システム的要因】 □連携（コミュニケーション）の不備　□医療材料・医療機器の不具合　□多忙 □その他（　　　　　　　　　　　　　　　　　　　　　　　　　　　　　）

出来事の影響度分類 （レベル0～5のうち一つ）	□ 0	エラーや医薬品・医療用具の不具合が見られたが、対象者には実施されなかった
	☑ 1	対象者への実害はなかった（何らかの影響を与えた可能性は否定できない）
	□ 2	処置や治療は行わなかった（対象者観察の強化、バイタルサインの軽度変化、安全確認のための検査などの必要性は生じた）
	□ 3a	簡単な処置や治療を要した（消毒、湿布、皮膚の縫合、鎮痛剤の投与など）
	□ 3b	濃厚な処置や治療を要した（バイタルサインの高度変化、人工呼吸器の装着、手術、入院日数の延長、外来患者の入院、骨折など）
	□ 4a	永続的な障害や後遺症が残ったが、有意な機能障害は伴わない
	□ 4b	永続的な障害や後遺症が残り、有意な機能障害の問題を伴う
	□ 5	レベル4bをこえる影響を与えた

　　　　　　　　　　　　　　　　　　　　　　　　　　介護職員　報告書記入日　平成24年10月1日

医師・連携看護職員の助言等	①医師又は看護職員が出来事への対応として実施した医療処置等について 連携訪問看護師が、訪問し、痛みや出血等の観察と流水による洗眼、必要な吸引を行った。本人や家族には、何か異常があれば連絡する旨伝えた。 ②介護職員へ行った助言・指導内容等について コミュニケーションを十分にとること、相手の状態や意思を確認して吸引を行うこと ③その他（今回実施した行為で介護職員の対応として評価できる点など） 介護職員からすぐに報告されたことで、対応が速やかに行えた。それぞれの役割が果たせた。

　　　　　　　　　　　　　　　　　　　　　　　　医師・連携看護職員　報告書記入日　平成24年10月3日

【引用・参考文献】

第1章　たんの吸引

1) 阿曽洋子,井上智子，氏家幸子：基礎看護技術，医学書院，2011．
2) 石塚睦子，中根洋子：わかる介護実技 DVD 第3版，医学評論社，2013．
3) 医療情報科学研究所：看護技術がみえる vol.2 臨床看護技術，メディックメディア，2013．
4) 大岡良枝他：NEW なぜ？がわかる看護技術 LESSON,学研，2007．
5) 介護職員等による喀痰吸引等の実施のための制度について：http://www.mhlw.go.jp/seisakunitsuite/bunya/hukushi_kaigo/seikatsuhogo/tannokyuuin/dl/1-1-1.pdf,厚生労働省，2013/10/6．
6) 喀痰吸引等制度について：http://www.mhlw.go.jp/seisakunitsuite/bunya/hukushi_kaigo/seikatsuhogo/tannokyuuin/01_seido_01.html，厚生労働省，2013/9/17．
7) 川島みどり監：ビジュアル基礎看護技術ガイド，照林社，2007．
8) 川口よね子，中村智加枝：絵でみる介護，医学評論社，2008．
9) 小松由佳監修：フィジカルアセスメントが得意になる 身体の音を聴く 聴診器使いこなしガイド，ナーシング・キャンバス，学研，1（6),10-20, 2013．
10) 坪井良子他：考える看護技術Ⅱ，ヌーヴェルヒロカワ，2009
11) テルモ製品案内：
http://www.terumo.co.jp/medical/products/06_monitoring/monitoring_01.html，2013/9/17．
12) 南山堂：医学大辞典，南山堂，2004．
13) PORTEX・気管切開チューブ：http://www.info.pmda.go.jp/ygo/pack/20600BZY00147000_B_01_06/，スミスメディカル・ジャパン株式会社，2013/9/17．
14) 深井喜代子編：新体系看護学全書 基礎看護学3 基礎看護技術Ⅱ，メヂカルフレンド社，2013．
15) 藤崎郁他：系統看護学講座 基礎看護技術Ⅱ，医学書院，2011．
16) 三上れつ他：演習・実習に役立つ基礎看護技術，ヌーヴェルヒロカワ，2007．
17) 山口瑞穂子他：看護技術講義・演習ノート，医学芸術社，2011．
18) 吉田みつ子，本庄恵子編：写真でわかる実習で使える看護技術，インターメディカ，2010．
19) 日野原重明他：系統看護学講座，専門基礎分野 人体の構造と機能［1］解剖生理学，医学書院，2013．

第2章　経管栄養

1) 阿曽洋子他：基礎看護技術，医学書院，2011．
2) 医療情報科学研究所：看護技術がみえる vol.2 臨床看護技術，メディックメディア，2013．
3) 川島みどり監：ビジュアル基礎看護技術ガイド，照林社，2007．
4) 澤木修二：咀嚼・嚥下機能のメカニズムとその障害，臨床看護，へるす出版，1993．
5) 深井喜代子編：新体系看護学全書 基礎看護学3 基礎看護技術Ⅱ，メヂカルフレンド社，2013．
6) 小野沢滋編：在宅医療の技とこころ 在宅栄養管理―経口から胃瘻・経静脈栄養まで，南山堂，2010．
7) 角田直枝編：Nursing Mook60 在宅看護技術マスター Q&A 実践できる皮膚ケア・栄養ケアマネジメント・呼吸ケア，センターメディア，2010．
8) 角田直枝編：Nursing Mook30　スキルアップのための在宅看護マニュアル，学習研究社，2005．
9) 深井喜代子編：基礎看護技術ビジュアルブック　手順と根拠がよくわかる，照林社，2010．
10) 山口瑞穂子監修：看護技術　講義・演習ノート上巻，医学芸術新社，2011．
11) テルモ PEG 関連製品：https://www.terumo.co.jp/consumer/products/foods/liquid_food_soft/pg_soft_ej.html
12) 峰村淳子，田山友子，吉田久美子他：みるみる在宅看護　第4版，医学評論社，2010．
13) 押川眞喜子監修：写真でわかる訪問看護　第2版，インターメディカ，2011．
14) 河原加代子著者代表：系統看護学講座　統合分野　在宅看護論　第4版，医学書院，2013．
15) 介護職員等による喀痰吸引等（たんの吸引・経管栄養）について：http://www.fukushihoken.metro.tokyo.jp/shougai/jigyo/tankyuin/index.files/seidogaiyou2.pdf#search='%E8%83%83%E3%82%8D%E3%81%86+%E4%BB%8B%E8%AD%B7+%E5%8C%BB%E7%99%82%E8%A1%8C%E7%82%BA'

第3章　バイタルサインの測定

1) 阿曽洋子, 井上智子, 氏家幸子：基礎看護技術, 医学書院, 2011.
2) 看護用語辞典ナース pedia: http://kango.919.co.jp/word/2013.10.6.
3) 黒岩義之, 宗村美江子編：新体系看護学全書 成人看護学 6 脳神経, メヂカルフレンド社, 2012.
4) 竹村信彦他：系統看護学講座 専門分野 II 成人看護学 7 脳・神経, 医学書院, 2013.
5) 種池礼子, 岡山寧子, 中川雅子編：パーフェクト看護技術マニュアル─実践力向上をめざして─, 照林社, 2004.
6) テルモ：テルモ電子体温計 C205 添付文書, 2010.
7) テルモ：病院用テルモ電子体温計 C205 腋窩カタログ はじめましょう、30 秒の付き添い検温, 2011.
8) テルモ：テルモ耳式電子体温計 M30 添付文書, 2007.
9) テルモ：ミミッピ テルモ耳式電子体温計 M30 カタログ, 2007.
10) テルモ：テルモ電子血圧計 H55 添付文書, 2010.
11) テルモ：テルモ電子血圧計 H55 簡易取扱い説明書, 2004.
12) 南山堂：医学大辞典, 南山堂, 2004.
13) パルスオキシメーター　パルスフィット®BO-600 取扱説明書, 日本精密器株式会社
14) パルスオキシメーター　パルスフィット®BO-600 添付文書, 日本精密器株式会社
15) 日野原重明他：系統看護学講座 専門基礎 I 人体の構造と機能 1 解剖生理学, 医学書院, 2004.
16) 日野原重明監修：看護学生必修シリーズバイタルサインの見方・読み方, 照林社, 2005. 深井喜代子編：新体系看護学全書 基礎看護学 2 基礎看護技術 I, メヂカルフレンド社, 2013.
17) 藤井徹也, 佐藤道子編：看護学生のための看護技術よくわかる BOOK, 2012.
18) 横山美樹編：臨床実習でバイタルサイン ここまでできたい, プチナース, 照林社, 22 (10), 22-32, 2013.

第4章　介護職に認められたケア

1) 行岡哲男, 山科 章：CPR＋AED コースマニュアル, 医学書院, 2007.
2) 村上美好, 松木みどり監修：写真でわかる急変時の看護, インターメディカ, 2005.
3) 石塚睦子, 黒坂知子：看護学生・新人看護師のためのわかりやすい与薬 第4版, 医学評論社, 2010.
4) 一般社団法人日本糖尿病教育・看護学会編：糖尿病看護フットケア技術 第3版, 日本看護協会出版社, 2013.
5) 森川則文：看護学生必修シリーズ 実習ですぐに使えるくすりの知識, 照林社, 2005.
6) 松浦信子, 山田陽子：看護ワンテーマ BOOK 快適！ストーマ生活, 医学書院, 2012.
7) 服部万里子総合監修：介護で使える！「医行為でない行為」がすぐできるイラスト学習帳, エクスナレッジ, 2012.
8) セントケア・ホールディング：訪問介護のための医療的ケア実践ガイド, 中央法規出版, 2012.
9) 医師法第 17 条, 歯科医師法第 17 条及び保健師助産師看護師法第 31 条の解釈について：http://www.pref.mie.lg.jp/SHOHO/HP/jiritusien/tuti-2/isiho.pdf#search='%E5%8C%BB%E8%A1%8C%E7%82%BA++%E5%8E%9A%E7%94%9F%E5%8A%B4%E5%83%8D%E7%9C%81'

索　引

【あ】
圧調整つまみ　16,25,37,49
アルコール綿　8

【い】
医行為　119
　──に該当しないもの　122
意識障害に関する用語　112
意識の観察　111
医師法第17条，歯科医師法第17条及び保健師助産師看護師法第31条の解釈について（厚生労働省医政局長通知）　157
一次救命処置　113
一包化された内服薬の内服介助　133
一包化のメリット　134
胃内固定板　66
胃の解剖図　64
医薬品に関する介助6項目　122
医療・介護の連携　121
医療者との連携　70
胃ろう　65
　──栄養法　64
　──からの半固形栄養剤注入法　85
胃ろうチューブ　84
　──の固定の確認　83,85
　──の種類　66
胃ろう・腸ろうからの経管栄養法　83
胃ろうの部位　64

【う】
ウェットティッシュ　8

【え】
栄養剤　72
　──注入後の姿勢保持と観察　82
　──注入中の観察　82
　──の準備　76
　──の注入　81,86
栄養点滴セット　72
栄養補給経路の選択　59
腋窩体温計　93
エプロン　9,74
　──の着用　10,75
嚥下訓練　68
嚥下体操　145
嚥下のしくみ　61

【お】
温湿布　129

【か】
介護者の準備　10,75
介護職員等喀痰吸引等指示書　121,160,161
介護職員等による喀痰吸引等の実施のための制度について　3
介護職ができるケア　119
介護職に認められた医行為（特定行為）　119
喀痰吸引等業務（特定行為業務）計画書　121,162
喀痰吸引等業務（特定行為業務）実施状況報告書　121,164
喀痰吸引等業務（特定行為業務）の提供に係る同意書　163
喀痰吸引等業務（特定行為業務）ヒヤリハット・アクシデント報告書　165
喀痰吸引等制度の全体像　4
片付け　21,31,43,55
カテーテルチップ型シリンジ　73
カテーテルと接続管の接続　15,24,36,48
カテーテルの挿入　17,26,37,50
　──経路　28
カテーテルの取り出し　14,23,34,46
カテーテルの内腔洗浄　20,29,41,53
カテーテルの抜去　19,29,40,52
カテーテル保存容器　9
浣腸　154,156
　──時の体位　155
　──の禁忌　156
陥入爪　141

【き】
気管カニューレの構造　32
気管カニューレの挿入経路　32
気管切開部からのたんの吸引　44
気管内の吸引　32,38,50
義歯の手入れの場合　144
気道の異物の除去　116
吸引圧　6,15
吸引器の構造　7
吸引器のスイッチ　15
吸引用カテーテル　8
胸骨圧迫　114

【く】
グラスゴー・コーマ・スケール　111
クリーム　127
グリセリン浣腸の作用　156

【け】
経管栄養　59,119
　──実施時の必要物品　71
　──に使われる栄養剤　67
　──の基礎知識　59
経管栄養法　63
　──の栄養剤　67
　──の実際　71
　──の手順　76
　──の日常生活支援　68
　──を行っている人の合併症とその対策　69
経管栄養を受けている人の主な合併症とその対策　68
経管栄養を中止する要件　71
経鼻胃管　65

──栄養法 63
──挿入経路の断面図 63
経鼻胃管チューブ 81
──の固定の確認 80
経鼻胃管の固定と挿入の長さ 63
経鼻経管栄養法 76
経皮的動脈血酸素飽和度に関する基礎知識 108
経皮的動脈血酸素飽和度の基準値 108
経皮的動脈血酸素飽和度の測定 90,108
──方法 108
軽微な切り傷・擦り傷・やけどの処置 124
傾眠 112
血圧測定 89,98
──の方法 99
血圧値の分類 99
血圧値を変動させる因子 98
血圧に関する基礎知識 98
血圧の調整 98
原則として医行為ではない行為 121

【こ】

口腔ケア 68
口腔内の吸引 12,18
口腔内の刷掃・清拭 143
肛門括約筋 136
肛門からの坐薬挿入 135
誤嚥の原因 61
誤嚥防止 79
誤嚥予防 12,22,33,45
呼吸測定 90,103,106
──の方法 107
呼吸に関する基礎知識 106
呼吸の種類 106
呼吸の調整 106
呼吸を変動させる因子 106
誤接続防止用コネクター 73
昏睡 112
昏迷 112
昏蒙 112

【さ】

サイドチューブ 42,54
坐薬 135
白湯 73

──の注入 82

【し】

耳温計を用いた体温測定 95
耳垢 147
──の除去 146
自己導尿 153
──カテーテルの準備・体位保持 151
──のメリット 153
耳式体温計 95
実質的違法性阻却 119
湿布の貼り方の工夫 130
自動体外式除細動器 115
嗜眠 112
社会福祉士及び介護福祉士法 119
ジャパン・コーマ・スケール 111
重層塗布療法 127
手指消毒 13,23,34,46
──液 9,74
消化器官とその役割 60
使用物品の後片付け 83
食物の消化・吸収・排泄 59
寝衣・寝具の汚染防止 12,22,33,45
人工呼吸 114
──器の構造 44
心肺蘇生法 113
心マッサージ 114

【す】

スクエアオフ 140
ストマ 150
──装具の交換 148,149

【せ】

舌下錠 134
鑷子 9
摂食・嚥下の過程 61
鑷子を入れる容器 9
鑷子を使用した吸引 39,51
接続用チューブ 73
説明と同意 22,33,45,76
洗浄水 8
せん妄 112

【た】

体温測定 89,92

──の方法 93
体温調節 92
体温に関する基礎知識 92
体温の日内変動 92
体外固定板 66
たん 5
単純塗布法 127
たんの吸引 3,119
──時の必要物品 7
──に関わる解剖 5
──の手順 11
たんの排出機構 5

【ち】

注意したい爪の種類 141
注入後の胃ろうチューブの取り扱い 84
注入の準備 77
注入用バッグ 72,81,84
聴診器 74
腸ろう 65
──栄養法 67

【つ】

通水 16,26
爪切り 139
──の種類 139
爪の役割 142
爪白癬 141
爪ヤスリをかける順番 140

【て】

手洗い 10,75
低温やけど 125
ディスポーザブルグリセリン浣腸器を用いての浣腸 154
ティッシュ 8,74
手袋 9,74
──装着 14,23,34,46
点眼薬の点眼 131
点眼薬の保存方法 132
電子血圧計による測定方法 99
電子体温計を用いた腋窩での体温測定 93
点鼻薬の種類 138
点鼻薬の副作用 138

【と】

橈骨動脈 104

特定行為	119	鼻腔粘膜への薬剤噴霧	137	【め】	
塗布の方法と種類	127	鼻腔の解剖	28	滅菌手袋装着による吸引	
【な】		泌尿器系器官の解剖	153		38,51
内服薬と飲み合わせ	134	皮膚の観察	68	目の構造	132
軟膏	127	皮膚の役割	126	【や】	
——の効果	126	皮膚への薬の吸収	129	薬剤噴霧	137
【に】		皮膚への湿布の貼付	128	【れ】	
ニッパーの持ち方	139	皮膚への軟膏の塗布	126	冷湿布	129
【は】		【ふ】		——と温湿布の違い	129
排泄物廃棄	148	腹部突き上げ法	116	【ろ】	
バイタルサイン	89	【ほ】		ろう孔管理	68
バイタルサインの測定	89	補水液ゼリー	73	【A】	
——の準備	91	【ま】		AED	115
排尿のしくみ	153	巻き爪	141	【G】	
背部叩打法	116	【み】		GCS	111
ハイムリック法	116	身だしなみ	91	Glasgow Coma Scale	111
パウチ	150	密封療法	127	【J】	
発達段階と呼吸の基準値	106	耳の構造	147	Japan Coma Scale	111
発達段階と脈拍の基準値	104	脈の種類	104	JCS	111
歯磨きの方法	144	脈拍触知部位	103	【S】	
パルスオキシメーターの構造	108	脈拍測定	90,103	SpO_2の測定	90,108
半固形栄養剤	85	——の方法	105		
【ひ】		脈拍に関する基礎知識	103		
鼻腔内の吸引	22,27	脈拍の調整	104		
		脈拍を変動させる因子	104		

介護福祉士国試実技対策
わかるたん吸引と経管栄養 DVD

2014年5月15日　　第1版第1刷発行

編　集　福祉教育カレッジ
執　筆　吉田久美子，石塚睦子
　　　　（よしだくみこ）（いしづかむつこ）
発　行　株式会社 医学評論社
　　　　〒169-0073 東京都新宿区百人町1-22-23 新宿ノモスビル2F
　　　　　　　　TEL 03(5330)2441 ＜代表＞
　　　　　　　　FAX 03(5389)6452
　　　　　　　　URL http://www.igakuhyoronsha.co.jp/
印刷所　三報社印刷株式会社

ISBN978-4-86399-255-9 C3036

介護・福祉関連図書

過去3年+αの国試問題を厳選,ズバリ解説!
第27回 介護福祉士国試対策2015 本体2,750円+税

過去問と練習問題で,実技試験対策はOK!
介護福祉士国試・実技試験対策
絵でみる介護(第18版) 本体1,800円+税

国試に出てきた重要キーワードが全て収載!
イラストでみる介護福祉用語事典(第5版) 本体2,600円+税

付録DVDで,介護技術の基本がわかる!
介護福祉士国試実技試験対策
わかる介護実技DVD(第3版) 本体3,700円+税

介護職が行えるようになった医行為を書籍とDVDでガッチリ習得!!
介護福祉士国試実技対策
わかるたん吸引と経管栄養DVD 本体3,700円+税

福祉系ウォッチャーによる攻略本!
介護福祉士国試対策
ラ・スパ 介護福祉士 本体1,900円+税

介護・社会福祉士国家試験ゴロ合わせ
ゴロ・プレス 本体1,200円+税

(公社)日本社会福祉士会 推薦
過去4年+αの国試問題をわかりやすく解説!
第27回 社会福祉士国試対策2015(共通科目編)
本体2,700円+税

第27回 社会福祉士国試対策2015(専門科目編)
本体2,700円+税

国家試験最新版分析! 全19科目をこの一冊で!!
社会福祉士の合格教科書 2015 本体3,000円+税

(公社)日本社会福祉士会 推薦
国試に出てきた重要キーワードを全て収載!
イラストでみる社会福祉用語事典 本体2,800円+税

社会福祉を学ぶ
~トピックで読みとく社会のしくみ 本体1,600円+税

医学評論社